Tamara Zschieschang

ANGLIZISMEN IN NEUESTEN DEUTSCHEN ZEITSCHRIFTEN.

Vorfindlichkeiten und Vergleich

Tamara Zschieschang

ANGLIZISMEN IN NEUESTEN DEUTSCHEN ZEITSCHRIFTEN

Vorfindlichkeiten und Vergleich

ibidem-Verlag
Stuttgart

Bibliografische Information der Deutschen Nationalbibliothek
Die Deutsche Nationalbibliothek verzeichnet diese Publikation in der Deutschen Nationalbibliografie; detaillierte bibliografische Daten sind im Internet über http://dnb.d-nb.de abrufbar.

Bibliographic information published by the Deutsche Nationalbibliothek
Die Deutsche Nationalbibliothek lists this publication in the Deutsche Nationalbibliografie; detailed bibliographic data are available in the Internet at http://dnb.d-nb.de.

∞

Gedruckt auf alterungsbeständigem, säurefreien Papier
Printed on acid-free paper

ISBN-13: 978-3-8382-0204-4

Printed in Germany

Inhaltsverzeichnis

1 Einleitung

1.1 Vorwort

„Unsere Sprache ist
zweckfreier, persönlicher Ausdruck;
sie ist Spiel und Stil.“[1]

Sprache, Ausdruck und Stil – diese Begriffe sind eng verbunden mit dem Untersuchungsgegenstand der vorliegenden Studie, den Anglizismen.

Jede Sprache ändert sich, sie entwickelt sich weiter, übernimmt Fremdwörter und bildet selbständig Neologismen. Auch die deutsche Sprache verändert sich durch den Einfluss anderer Sprachen, und hierbei besonders des Englischen, stetig weiter. Das Deutsch, das heute gesprochen wird und als Gemeinsprache gilt, ist nicht etwa das, das noch vor fünfzig Jahren gesprochen wurde.

Durch Innovationen im englischsprachigen Raum, besonders im Bereich der Technik und der Wissenschaft, aber auch durch den Einfluss von amerikanischen und englischen Produkten, wie beispielsweise besonders auffällig im Bereich der Mode und Kosmetik, wird die deutsche Sprache täglich beeinflusst.

Die Massenmedien spielen bei dieser Entwicklung eine immer größere Rolle, da sie sowohl einem breiten Publikum als auch einer großen Leserschaft zugänglich sind. Anglizismen werden heutzutage in jedem Bereich als Mittel des Ausdrucks und des Stils eingesetzt. Bei den Printmedien beispielsweise, die in dieser Studie untersucht wurden, dienen sie häufig dazu, einen Text moderner, zeitgemäßer, interessanter oder präziser zu gestalten. Auch in den Zeitschriften, die in dieser Studie als Untersuchungsgegenstand dienen, werden zahlreiche Anglizismen in sämtlichen Ressorts verwandt.

---

[1] Galinsky 1972: 28.

Um einen Eindruck dieser Zeitschriften zu gewinnen, sollen sie im Folgenden kurz vorgestellt werden. Hierbei werden zu den Punkten *Zielgruppe, Auflage* und *Verwendung von Anglizismen* sowohl Informationen aus dem Internet als auch Angaben, die durch E-Mail-Kontakt erhalten wurden, verwendet.

DER SPIEGEL

Zielgruppe: „Woche für Woche lesen 6,04 Millionen Bundesbürger den SPIEGEL, das sind 9,3 Prozent der Bevölkerung ab 14 Jahre (Media-Analyse 2006 Pressemedien I) [...] Seit vielen Jahren ist der SPIEGEL Pflichtlektüre für alle am politischen, wirtschaftlichen und kulturellen Geschehen Interessierten.“[2]
Auflage: Zweites Quartal 2006: 1.033.454 verk. Auflage.[3]
Stellungnahme über die Verwendung von Anglizismen:
„Dieses Thema ‚Neudeutsch' gibt auch in der SPIEGEL-Redaktion immer wieder Anlass zu mehr oder weniger hitzig geführten Auseinandersetzungen. Auf der einen Seite der Barrikaden stehen die ‚Traditionalisten', die die deutsche Sprache vor der ‚Verhunzung' durch Fremdwörter, ja, dem Untergang bewahren möchten, auf der anderen die ‚Modernisten', für die alles, auch das Abstruseste, erlaubt, wenn nicht gar zwingend ist. Dazwischen steht manch besorgter Redakteur beziehungsweise Leser und fragt sich, wo die Qualität der Sprache bleibt. Da dieser Streit nicht zu lösen ist, und die Redaktion Wert auf die Wortschöpfungen des SPIEGEL legt – einige davon sind in den täglichen Sprachgebrauch eingegangen, zum Beispiel die Bezeichnung ‚Erbschleichersendungen' für Radio-Wunschkonzerte mit Gruß-Übermittlung – überlässt man den Redakteuren einen großen sprachlichen Freiraum.“ (Jörg Rehder / SPIEGEL-Redaktion, Leser-Service)[4]

---

[2] http://www.spiegelgruppe.de/spiegelgruppe/home.nsf/Navigation/C226C5F6118D70E0C12573F700562F49?OpenDocument

[3] Vgl.http://www.medialine.de/hps/client/medialn/hxcms/produktion_long/WCKjs1hr1yZKfWaauIVhre@ HDvZZUbT2aX@cwIMONnf7ag/medialn_article_objectinformationen/objekt informationen/focus/ auflage/uebersicht/HXCMS_ARTICLE_756.hbs?ext_tgurl=

[4] Stellungnahme aus einer E-Mail vom 17.07.2006.

FOCUS – Das moderne Nachrichtenmagazin

Zielgruppe: „FOCUS ist das Nachrichtenmagazin für die modernen Meinungsbildner unserer Zeit – Personen mit hohem Informationsbedarf und knappen Zeitbudget. [...] Das größte redaktionelle Seitenangebot im Zeitschriftenmarkt orientiert sich an den wandelnden Informationsbedürfnissen einer hochkarätigen Zielgruppe, die motiviert und pragmatisch kommuniziert."[5]
Auflage: Zweites Quartal 2006: 730.435 verk. Auflage.[6]
Stellungnahme zur Verwendung von Anglizismen:
„FOCUS verwendet die im deutschen Sprachgebrauch üblichen Anglizismen, achtet jedoch sehr darauf, die Verwendung nicht zu übertreiben." (Claudia Voltz / Leitung Marketing-Service)[7]

BRIGITTE – Das Magazin für Frauen

Zielgruppe: 72% der Leserinnen sind zwischen 20 und 49 Jahre alt, wobei der gesamte Leserinnenkreis aber die 14- bis 64-Jährigen umfasst.
Auflage: „Aktuelle Druckauflage erstes Quartal 2006: 1.053.669, verkaufte Auflage 787.523."
Stellungnahme zur Verwendung von Anglizismen:
„Wir haben – nach unserer Meinung – eigentlich keine speziellen Anglizismen." (Marina Kapla / BRIGITTE-Leserservice)[8]

---

[5] http://www.medialine.de/hps/client/medialn/hxcms/production_category/WCKjs1hr1yZkfWaauIVhre@HDvZZUbT2aX@cwIMOnnf7ag/medialn_article_objectinformationen/objekt-informationen/focus/objektportraet/HXCORE_NAV_5000037.hbs

[6] Vgl. http://www.medialine.de/hps/client/medialn/hxcms/produktion_long/WCKjs1hr1yZKfWaauIVhre@ HDvZZUbT2aX@cwIMONnf7ag/medialn_article_objeftinformationen/objectinformationen/focus/auflage/uebersicht/HXCMS_ARTICLE_756.hbs?ext_tgurl=

[7] Zitat aus einer E-Mail vom 18.07.2006.

[8] Alle Angaben zur Zeitschrift BRIGITTE entstammen einer E-Mail vom 17.07.2006.

GQ (Gentlemen`s Quarterly) – Deutschlands bestes Männermagazin

Nachdem leider auch auf mehrfache Anfrage bei der Zeitschrift keine Reaktion erfolgte, und auch eigene Recherche im Internet keine Ergebnisse brachten, wurde hier die Zielgruppe nach eigenem Ermessen bestimmt.
Zielgruppe: Geschlecht: männlich, Alter ~18-50 Jahre.
Auflage: keine Angaben
Keine Stellungnahme zur Verwendung von Anglizismen vorhanden.

1.2 Ziel und Methodik der Studie

In der vorliegenden Studie ist beabsichtigt, neueste deutsche Zeitschriften auf die Verwendung von Anglizismen hin zu untersuchen. Da zum Thema 'Anglizismen im Deutschen' schon einige Studien vorliegen, in denen unter anderem Wochenendausgaben von Zeitungen, der Duden oder auch Wirtschaftsmagazine untersucht wurden, sollen in dieser Studie als Gegenstand der Analyse verschiedene Typen von Zeitschriften dienen, um somit ein breites Spektrum an neuesten deutschen Zeitschriften abzudecken.

Es wurden hierzu die Nachrichtenmagazine DER SPIEGEL und FOCUS sowie die (geschlechterspezifischen) Lifestylemagazine BRIGITTE und GQ ausgesucht.

Die in den einzelnen Zeitschriften vorgefundenen Anglizismen wurden jeweils in einem separaten Wortindex mit alphabetischer Reihenfolge aufgelistet, wobei ebenso der Fundort (die Seitenzahlen) als auch die Frequenz angegeben wurden. Dieser Wortindex dient zur gesamten weiteren Analyse, bzw. zur Auswertung der Ergebnisse. Als einleitende Hintergrundinformation und zum besseren Verständnis wird zunächst noch der Forschungsstand aufgezeigt und anschließend im theoretischen Teil der Studie der Begriff *Anglizismus* erläutert. Hierbei wird sowohl auf die Entwicklung und Ursachen des englischen Spracheinflusses auf das Deutsche eingegangen als auch auf die lexikalischen Entlehnungsarten und die diversen Gliederungsmöglichkeiten des Lehnguts.

Nachdem im deskriptiven Teil der Studie zunächst der Corpus der Studie erläutert wird und erste Ergebnisse unter anderem tabellarisch veranschaulicht werden, werden die Grundsätze der Auszählung verdeutlicht. Anschließend werden die

Vorfindlichkeiten und Häufigkeiten der Anglizismen dargestellt und sowohl anhand der einzelnen Zeitschriften als auch der verschiedenen vorgefundenen Wortarten aufgezeigt. Daraufhin werden fünf übergreifende Kommunikationsbereiche der Zeitschriften beschrieben und diverse Anglizismen als Beispiele zu diesen Ressorts genannt. Ebenso werden Beispiele aus dem Corpus zu den bereits erwähnten Entlehnungsarten genannt. Um auch den Aspekt der Integration von Anglizismen in die deutsche Sprache zu berücksichtigen, werden die Bereiche Orthographie und Morphologie aufgezeigt und Beispiele herangezogen.

Als letzter Gegenstand der Untersuchung werden dann die stilistische Funktion und Wirkung von Anglizismen (als Kolorit, zur Steigerung der Ausdruckskraft und zur Sprachökonomie) dargestellt und anhand von Beispielen belegt. Nach dieser Auswertung soll im Schlussteil eine abschließende Bilanz gezogen werden, die die Ergebnisse noch einmal zusammenfasst.

1.3 Forschungsstand

Der Einfluss der englischen Sprache auf das Deutsche war in den letzten Jahrzehnten schon oftmals Gegenstand sprachwissenschaftlicher Untersuchungen und diese Thematik stellt im Bereich der Anglistik und Germanistik heute sogar einen selbständigen Forschungsbereich dar. Erschienen sind neben zahlreichen Artikeln und Aufsätzen, die meist einen geringeren Umfang haben, auch einige umfassendere und bedeutende Studien. Im Folgenden soll deshalb ein kurzer Abriss zum Stand der Forschung dargestellt werden, um die Breite der Untersuchungen anzudeuten.

Bereits im Jahr 1959 hat sich Zindler in seiner Dissertation *Anglizismen in der deutschen Presse nach 1945* mit dem Thema beschäftigt. Er untersucht dabei hauptsächlich die nach dem Zweiten Weltkrieg ins Deutsche eingedrungenen englischen Wörter hinsichtlich der Semantik und stellt diese unter anderem in Listen nach speziellen Bereichen zusammen, um Veränderungen aufzuzeigen. Dass bei etwa 30% der Anglizismen nur ein Teil ihrer Bedeutung in die deutsche Sprache integriert wurde, ist eine relevante Erkenntnis, zu der er kommt.[9]

[9] Vgl. Zindler: 19.

Neben Zindlers Dissertation sind außerdem die relativ zeitnahen Arbeiten von Carstensen, *Englische Einflüsse auf die deutsche Sprache nach 1945* (1965), und Fink (Dissertation 1968), *Amerikanismen im Wortschatz der deutschen Tagespresse, dargestellt am Beispiel dreier überregionaler Zeitungen (Süddeutsche Zeitung, Frankfurter Allgemeine Zeitung, Die Welt),* besonders vorzuheben, die seitdem als Grundlage manch anderer Studien dienten und als Standardwerke gelten.

Carstensen, der in seiner Arbeit deutsche Zeitschriften (zum Beispiel den SPIEGEL aus den Jahrgängen 1961 bis 1964) und Zeitungen untersucht, ist der Auffassung, dass die Presse eine große Rolle in der Verbreitung von englischem Wortgut spielt. Er untersucht die Anglizismen nach den verschiedenen Arten der Entlehnung und kommt zu dem Schluss, dass der englische Einfluss hauptsächlich im Bereich des deutschen Wortschatzes zu finden sei, die inneren Strukturen, wie Grammatik oder Syntax, jedoch kaum beeinflusst werden.

Fink ist zu dieser Thematik der erste Verfasser, der einen festgelegten Corpus als Basis hat. Er untersucht acht Wochenendausgaben der drei oben genannten überregionalen Tageszeitungen (aus dem Jahr 1963) nach Anglizismen, um festzustellen, ob „ein regionales Gefälle in der Aufnahmefreudigkeit besteht" (Pfitzner: 9). Des Weiteren zeigt er anhand der verschiedenen Zeitungssparten, inwieweit diese an der Verwendung von englischem Wortgut beteiligt sind und sucht außerdem nach emotionalen und sachlichen Gründen für die Einführung von Anglizismen in die deutsche Sprache.

Die erste computergestützte Studie, nämlich *Gebrauchsanstieg der lexikalischen und semantischen Amerikanismen in zwei Jahrgängen der ‚Welt' (1954 und 1964): Eine vergleichende computerlinguistische Studie zur quantitativen Entwicklung amerikanischer Einflüsse auf die deutsche Zeitungssprache* verfasst Engels in den 70er Jahren und sie untersucht dabei zwei komplette Jahrgänge der Zeitung DIE WELT auf lexikalisch-semantische Amerikanismen. Sie stellt unter anderem fest, dass der Gebrauch von Amerikanismen mit nur 1% des Textes pro Jahrgang im Verhältnis eher gering ist, der amerikanische Einfluss im Allgemeinen jedoch stetig steigt.[10]

Eine sehr bedeutende Arbeit, die sich mit der Erforschung der stilistischen Aspekte beim Gebrauch englischen Wortguts im Deutschen befasst, ist Galinskys *Stilistic Aspects of Linguistic Borrowing – A Stilistic and Comparative View of American Ele-*

---

[10] Vgl. Engels: 49.

ments in Modern German and British English von 1963. Mit Carstensen unter dem Titel *Amerikanismen der deutschen Gegenwartssprache. Entlehnungsvorgänge und ihre stilistischen Aspekte* publiziert, stellt sie eine Basis vieler nachfolgender Untersuchungen dar. Galinsky nennt in ihr sieben Hauptmotive für die Übernahme von Anglizismen ins Deutsche, auf die im Kapitel *2.2 Gründe für die Übernahme von Anglizismen* noch näher eingegangen werden soll.

Ebenfalls von Galinsky erschienen ist die Monographie *Amerikanisch-deutsche Sprach- und Literaturbeziehungen* von 1972, in der wichtige Erkenntnisse zu den Bereichen Linguistik, Sozialpsychologie und Geschichte geboten werden.

Im Jahr 1978 veröffentlicht Pfitzner seine auf Galinsky aufbauende Studie *Der Anglizismus im Deutschen. Ein Beitrag zur Bestimmung seiner stilistischen Funktion in der heutigen Presse* und richtet seinen Blick hierbei auf englisches Wortgut als Stilelement in der deutschen Presse. Um Stil und Ausdruck der Anglizismen zu beschreiben, teilt er deren Stilfunktionen in die fünf Kategorien *Kolorit, sprachliche Ausdruckskraft, Sprachökonomie, Ton* und *Affekt* und untersucht diese anhand zahlreicher Beispiele.

Wie bereits Pfitzner Ende der 70er Jahre feststellt, wäre die Thematik von englischem Wortgut im Deutschen „unvollständig, wollte man ganz auf die Veröffentlichungen mit sprachpflegerischer Absicht verzichten“ (Pfitzner: 10). Einige nennenswerte Beiträge zum Diskurs der Sprachpflege sind beispielsweise *Auf dem Weg zum Denglitsch. Wieviel Angloamerikanisch verträgt die deutsche Sprache?* von Drews oder der Aufsatz *Selbstfindung durch Ausgrenzung. Eine kritische Analyse des gegenwärtigen Diskurses zu angloamerikanischen Entlehnungen* von Spitzmüller.

2 Theoretischer Teil – Zum Begriff *Anglizismus*

Für den Begriff *Anglizismus* gibt es in der Literatur viele verschiedene Definitionen, deshalb sollen hier zunächst zwei Beispiele angeführt werden.

Pfitzner gibt folgende Begriffserklärung (Pfitzner: 13):

> *Ein Anglizismus ist [...] ein sprachliches Zeichen, dessen äußere Form aus englischen Morphemen bzw. einer Kombination englischer und deutscher Morpheme besteht, dessen Inhalt stets die Übernahme einer im englischen Sprachgebrauch üblichen Bedeutung voraussetzt.*

Eine in der Fachliteratur ebenfalls weit verbreitete und für die vorliegende Studie gültige Definition ist diejenige von Zindler (zitiert nach Yang: 11):

> *Ein Anglizismus ist ein Wort aus dem britischen oder amerikanischen Englisch im Deutschen oder eine nicht übliche Wortkomposition, jede Art der Veränderung einer deutschen Wortbedeutung oder Wortverwendung (Lehnbedeutung, Lehnübersetzung, Lehnübertragung, Lehnschöpfung, Frequenzsteigerung, Wiederbelebung) nach britischem oder amerikanischem Vorbild.*

Unter dem Begriff *Anglizismus* sind nach Yang außerdem drei verschiedene Arten zu differenzieren:

Zum einen gibt es die konventionalisierten Anglizismen, die allgemein bekannt sind und durch das häufige Verwenden kaum mehr als Fremdwörter empfunden werden, wie beispielsweise *Jeans, Manager, Sex* oder *Trend.*

Zum anderen gibt es Anglizismen im Konventionalisierungsprozess, die oftmals noch als fremd empfunden werden und entweder im Laufe der Zeit konventionell werden, oder aus dem Sprachgebrauch verschwinden, wie zum Beispiel *Underdog* oder *Gay.*

Und schließlich nennt Yang noch Zitatwörter, Eigennamen und Verwandtes, worunter er Anglizismen versteht, die nur in bestimmten Zusammenhängen verwendet werden wie etwa *US-Army, Western* oder *High School.* [11]

[11] Vgl. Yang: 9.

2.1 Entwicklung des englischen Spracheinflusses auf das Deutsche

Wörter, die auf einen englischen Ursprung zurückzuführen sind, wie beispielsweise *Debatte, Hochverrat, Adresse* oder *Parlament*, treten in der deutschen Sprache bereits „seit der auf dem Kontinent Aufsehen erregenden bürgerlichen englischen Revolution“ (von Polenz: 139) im 17. Jahrhundert auf. Zu dieser Zeit gab es Entlehnungen vor allem in drei großen Bereichen. Erstens des „Schöngeistig-Literarischen“ (von Polenz: 139) mit den Beispielen *sentimental, Humor, Volkslied* oder *Robinsonade*, zweitens des „Politisch-Philosophischen“ (von Polenz: 140) mit Wörtern wie *Freidenker, Opposition, Gemeinwohl, utopisch, Koalition* oder *Nationalcharakter* und drittens in „Naturwissenschaften und Technik“ (von Polenz: 140) mit Beispielen wie *Zelle, Barometer, Zentrifugalkraft* oder *Patent.*

Im 17. und 18. Jahrhundert war der englische Einfluss im Allgemeinen jedoch noch eher gering und andere Fremdsprachen wie das Französische und Lateinische beeinflussten die deutsche Sprache in weitaus größerem Maße.

Der englische Einfluss in allen Bereichen stieg daher erst im 19. Jahrhundert mit der Tatsache an, dass England nun „das große Vorbild (war) in Industrie und Handel (*Kartell, Trust, Partner [...]*), im Verkehrswesen (*Lokomotive, Tunnel [...]*), im Pressewesen (*Leitartikel, Essay, Reporter [...]*) und [...] auch in der Politik [...] (*Demonstration, radikal, lynchen [...]*)“ (von Polenz: 140).

Neben diesen genannten Bereichen wirkten die deutsch-englischen Beziehungen am Ende des 19. Jahrhunderts auch „in den äußerlichen Dingen des modischen Gesellschaftslebens“ (von Polenz: 140), zum Beispiel durch dynastische Verbindungen oder die Tatsache, dass Englisch um die Jahrhundertwende „modische Konversations- und Renommiersprache der *'oberen Zehntausend'*“(von Polenz: 140) war und damit das Französische ablöste.

Im 20. Jh. schließlich nahmen der englische Spracheinfluss und die Übernahme von Anglizismen in allen Bereichen stetig zu, wenngleich es auch „vorübergehende Rückläufigkeiten durch puristische Haltung während des 1. Weltkrieges und in der Nazizeit“ (von Polenz: 141) gab.[12]

[12] Vgl. zu Kapitel *2.1 Entwicklung des englischen...* : von Polenz: 139ff.

2.2 Gründe für die Übernahme von Anglizismen

Neben dem Herausstellen, Auflisten und Analysieren von Anglizismen wird in der Sprachwissenschaft auch immer mehr nach möglichen Ursachen für die steigende Tendenz des Einflusses englischer Wörter und die wachsende Anzahl von Anglizismen im Deutschen geforscht.

Wie bereits im Kapitel über den Forschungsstand erwähnt, stellt Galinsky schon in den frühen 60er Jahren in seiner Arbeit die folgenden sieben Ursachen für diese Entwicklung – die Übernahme englischen Wortguts – fest (Carstensen/Galinsky: 71):

> *(1) providing national American color of settings, actions, and characters, (2) establishing or enhancing precision, (3) offering or faciliating intentional disguise, (4) effecting brevity to the point of terseness, (5) producing vividness, often by way of metaphor, (6) conveying tone, its gamut ranging from humorous playfulness to sneering parody on America and 'Americanized' Germany, (7) creating or increasing variation of expression.*

Dieter E. Zimmer nennt in seinem Essay *Neuanglodeutsch – Über die Pidginisierung der Sprache*[13] ebenfalls vier Motive für den heutigen „Fremdwortimport" (Zimmer: 27), die er zur Hälfte in emotionale und sachliche Motive einteilt und die im Folgenden weiter ausgeführt werden sollen.

Das erste und wichtigste Motiv sieht er in der „blanke(n) Notwendigkeit" (Zimmer: 27). Er beschreibt folgende Situation: Aus dem englischsprachigen Raum kommt eine neue Sache oder ein neues Produkt auf den deutschen Markt und somit auch die neu erfundene englische Bezeichnung. Da es im Deutschen jedoch keine entsprechende Bezeichnung gibt, wird anstelle einer passenden Übersetzung aus praktischen und notwendigen Gründen einfach der bereits existierende englische Begriff in die deutsche Sprache übernommen.

Das zweite von Zimmer genannte Motiv ist die „manchmal unwiderstehlich(e)" (Zimmer: 27) Knappheit und Anschaulichkeit der englischen (affixfreien) Begriffe. Als Beispiel nennt er die kurzen Anglizismen *Stress* und *Campus*, deren deutsche Entsprechungen *Anstrengung* und *Hochschulgelände* nicht nur länger sind, sondern dem Sprecher auch weniger attraktiv und umständlicher erscheinen.

---

[13] In: Dieter E. Zimmer: Deutsch und anders- die Sprache im Modernisierungsfieber.

Das dritte Motiv sieht Zimmer in der Tatsache, dass Amerika seit Ende des Zweiten Weltkriegs die „Leitkultur" (Zimmer: 27) ist und englische, bzw. amerikanische Wörter somit automatisch als „modern, dynamisch, jung, flott, vital, sexy" (Zimmer: 28) gelten. Anglizismen „haben (für die deutschen Sprecher) Appeal und verleihen Appeal" (Zimmer: 28). Ein Beispiel, das er für diese These anbringt, ist der Anglizismus *Jogging*, der es anstelle der existierenden Bezeichnung *Dauerlauf* schafft, „in Deutschland (...) zu einer so ausdauernden und eintönigen Kraftanstrengung" (Zimmer: 28) zu motivieren. Ein anderes Beispiel sieht er in dem Wort *Hobby*, das „kürzer und flotter als <Steckenpferd>" (Zimmer: 29) sei.

Neben diesen von Zimmer aufgezeigten Motiven sind außerdem noch folgende (kulturelle und gesellschaftliche) Aspekte zu nennen, die linguistisch gesehen zur Übernahme von Anglizismen ins Deutsche beitragen bzw. beigetragen haben und die der englischen Sprache ihre große Bedeutung verleihen:

Erstens, die Dominanz der USA hinsichtlich Politik, Wissenschaft, Militär und Technik. Zweitens, die Tatsache, dass Englisch in zahlreichen Ländern die Landessprache oder erste Fremdsprache darstellt. Drittens, die westlich (USA-) orientierte Bündnispolitik der Bundesrepublik Deutschland und viertens, die Tatsache, dass Englisch als Weltsprache in internationalen Organisationen und Verhandlungen die Sprache ist, die zur Kommunikation verwendet wird[14].

2.3 Lexikalische Entlehnungsarten

Nachdem zur Gliederung des Lehnguts diverse Möglichkeiten existieren und beispielsweise Fink, Carstensen und Yang jeweils unterschiedliche Methoden benutzen, soll zunächst zur Definition der Begriffe eine Übersicht gegeben werden.

Die folgende Abbildung stellt die Betzsche Terminologie dar, die unter anderem bei Yang (Yang: 16) aufgezeigt wird und die auch in dieser Studie zur Unterscheidung von Entlehnungsarten dienen wird.

---

[14] Vgl. Langer: 17.

<u>Abb.:</u> Lexikalische Entlehnungsart nach Betz

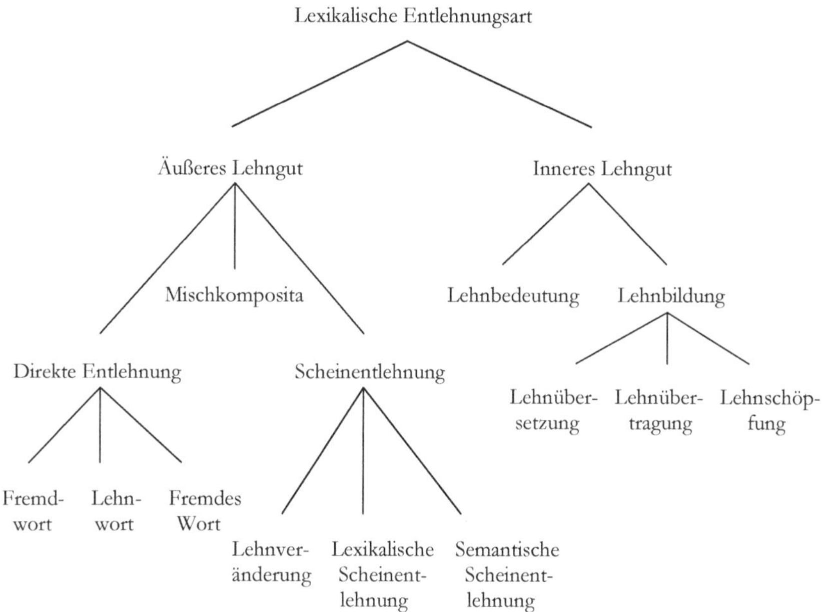

Fink, dessen Gliederungsweise in der Literatur ebenfalls häufig verwendet wird, unterteilt das Lehngut mit Hilfe des Begriffes *Substitution*, nämlich in <u>keine Substitution</u> (Fremd- und Lehnwörter, Scheinentlehnungen), <u>Teilsubstitution</u> (Mischkomposita aus englischen und deutschen Elementen) und <u>Vollsubstitution</u> (nach englischem Muster gebildete Wörter, Phrasen und Kompositionen sowie Lehnbedeutungen)[15].

[15] Vgl. Fink 1968: 12-14.

Carstensen hingegen unterscheidet beim Lehngut zwischen *evidenten* (=äußeren) und *latenten* (=inneren) Einflüssen[16] und benutzt außerdem die drei folgenden Markierungen (Carstensen: *AWb* Bd.1: 59):

> *aus engl. x, wobei x ein ins Deutsche übernommenes englisches Sprachzeichen ist, z.B. dt. 'Job' aus engl. 'job'*
>
> *nach engl. x, wobei das englische Sprachzeichen nicht mehr erkennbar ist, sondern das englische Vorbild mit deutschem Sprachmaterial nachgebildet wird, z.B. 'Erste Dame' nach engl. 'first lady'*
>
> *zu engl. x, wobei ein englisches Sprachzeichen als Ausgangspunkt der Entlehnung erkennbar ist, das aber im Deutschen morphologisch verändert worden ist, z.B. dt. 'Twen' zu engl. 'twenty'*

2.3.1 Äußeres Lehngut

Unter dem Begriff *äußeres Lehngut* versteht man Entlehnungen, die von der Ausdrucksseite her englisches Morphemmaterial enthalten. Hierzu zählen *Fremdwort, Lehnwort, Scheinentlehnung* und *Mischkompositum.*

2.3.1.1 Fremdwort und Lehnwort

Die Begriffe *Fremd-* und *Lehnwort* bezeichnen (in Bezug auf das Englische) laut Yang den „Eindeutschungsgrad eines Anglizismus in die deutsche Sprache" (Yang: 11). Unterscheiden lassen sich Fremd- und Lehnwort hierbei wie folgt:

Als Fremdwort bezeichnet man alle (aus einer anderen Sprache) entlehnten Lexeme oder Lexemverbindungen, die ihre fremde Herkunft erkennen lassen, da sie nach der 1:1-Übernahme ins Deutsche ohne jegliche (orthographische, semantische, morphologische oder phonologische) Veränderung gebraucht werden. Beispiele hierfür sind u.a. *Jeans, Callgirl* oder *Show.*

---

[16] Vgl. Carstensen: *AWb* Bd.1: 59.

Lehnwörter hingegen sind auch aus einer Fremdsprache entlehnt, haben sich jedoch (im Laufe der Zeit) zu einem gewissen Grad an die übernehmende Sprache angeglichen.

Zur Unterscheidung zwischen den beiden Begriffen lassen sich nach Yang drei Merkmale feststellen: Das MORPHOLOGISCHE, das ORTHOGRAPHISCHE und das PHONOLOGISCHE Merkmal.

1) Das MORPHOLOGISCHE Merkmal verweist zum einen auf die Tatsache, dass jedem in die deutsche Sprache übernommenen und ursprünglich englischen Verb das deutsche Infinitivmorphem *-e(n)* angehängt wird. Als Beispiele hierzu lassen sich Verben, wie *managen* (von *to manage), downloaden* (von *to download)* oder *starten* (von *to start*) nennen. Zum anderen werden aus dem Englischen entlehnte Adjektive nach deutschem Muster flektiert, wie zum Beispiel in 'das *smarte* Mädchen', und substantivischen Anglizismen werden deutsche Pluralformen gegeben, wie etwa bei der alten Rechtschreibung von *der Boß – die Bosse.*
2) ORTHOGRAPHISCHE Merkmale liegen vor, wenn eine Veränderung der Schreibweise festzustellen ist, wie beispielsweise in den Wörtern *Scheck* (statt *check*) oder *Komfort* (statt *comfort*).
3) Das PHONOLOGISCHE Merkmal ist erkennbar, wenn Anglizismen an das deutsche Phonemsystem angepasst und den Ausspracheregeln des Deutschen angeglichen werden. Wörter, wie *Test* oder *Hit* sind dem Deutschen so ähnlich, dass man sie als phonetisch integriert bezeichnen kann.

Doch trotz dieser drei Merkmale zur Unterscheidung von *Fremd-* und *Lehnwort* bleibt festzustellen, dass die Abgrenzung zwischen den Begriffen fließend und oftmals schwierig ist und außerdem auch mit dem jeweiligen Bildungshintergrund und Sprachgefühl des Beurteilers zusammenhängt.[17]

---

[17] Vgl. Yang: 11f.

2.3.1.2 Scheinentlehnung

Zu den „lexikalischen Eigenwege(n)“ (Carstensen, *AWb* Bd.1: 64) des Deutschen gehören nach Carstensen die sogenannten Scheinentlehnungen. Es handelt sich hierbei um wortschöpferische Lexeme oder Lexemverbindungen, die im Deutschen mit den Sprachmitteln der Ursprungssprache (hier: des Englischen) gebildet, in dieser Herkunftssprache aber nicht bekannt sind.

Solche Fälle, die im Deutschen sehr häufig auftreten, „zeigen primär an, dass das Deutsche mit dem englischen Wortmaterial 'spielen' kann – ein sicheres Kriterium für die Tatsache, dass viel Englisches fest ins Deutsche integriert worden ist.“ (Carstensen, *AWb* Bd.1: 65).

Auch Galinsky stellt hierzu fest (Galinsky 1972: 21):

> *Die Zahl lediglich vermutbarer deutscher Amerikanismen, Britizismen und Anglizismen nimmt beharrlich zu, vor allem, weil die Zahl der deutschen Wortbildungen, die englisches Wortgut als Grund- oder Bestimmungsglied verwenden, weiter steigt.*

Scheinentlehnungen sind in der bei Yang aufgeführten Gliederung des Lehnguts in die drei Kategorien *Lehnveränderungen*, *lexikalische* und *semantische Scheinentlehnungen* unterteilt.

Von Lehnveränderungen spricht man, wenn englische Sprachzeichen morphologisch verändert ins Deutsche übernommen werden, diese Wortschöpfungen allerdings im Englischen nicht mehr verstanden werden. Dies tritt zum Beispiel bei der Kürzung von Einzelwörtern auf. Hierzu typische Fälle sind die in Deutschland gängigen Abkürzungen *Deo* von *deodorant*, *Pulli* von *pullover*, oder *Profi* von *professional.* Weitere Lehnveränderungen sind bei der Kürzung von Komposita, wie zum Beispiel *Discount* von *discount store* oder *Fox* von *foxterrier* festzustellen. Neben Kürzungen von englischen phraseologischen Lexemverbindungen, wie beispielsweise die Bezeichnung *Gin Tonic* vom englischen *gin and tonic*, sind schließlich auch morphologisch veränderte Formen, wie *Dogge* von *dog*, oder *Mixpickles* von *mixed pickles* zu den Lehnveränderungen zu zählen.[18]

---

[18] Vgl. hierzu Yang: 13 und *Morphologische Eigenwege des Deutschen* in Carstensen, *AWb* Bd.1: 63.

Die zweite Kategorie der Scheinentlehnungen sind die lexikalischen Scheinentlehnungen. Es handelt sich dabei um – mit rein englischen Morphemen neugebildete – Komposita (Lexeme und Lexemverbindungen) oder Wörter, die nach englischem Muster im Deutschen entstanden sind und im englischsprachigen Raum daher bis zu diesem Zeitpunkt nicht bekannt waren. Hierbei werden die Neologismen zum einen analog zu bereits vorhandenen englischen Wörtern erschaffen, zum anderen werden Wörter mittels englischer Morpheme auch frei zusammengesetzt. Ein im Deutschen frei erfundenes Wort, das jedoch oft als englisches Wort angesehen wird, ist beispielsweise das weitverbreitete *Handy* für ‚Mobiltelefon', dessen richtige englische Entsprechung etwa *mobile / portable phone* lautet. Zu englischen Wörtern analog entstandene Wörter sind beispielsweise *Callboy* nach dem englischen *callgirl*, oder *Showmaster* nach *quizmaster*. Ein Beispiel für ein frei zusammengesetztes Kompositum stellt der Neologismus *Dressman* (aus den englischen Morphemen *dress* und *man*) dar.[19]

Zur letzten Kategorie der Scheinentlehnungen zählen die semantischen Scheinentlehnungen. Nach Carstensen handelt es sich hierbei um Wörter, die zunächst im Original aus dem Englischen übernommen wurden, im Deutschen dann allerdings „semantische Eigenwege" (Carstensen, *AWb* Bd.1: 63) gehen und somit einen Bedeutungswandel erfahren. Als typisches Beispiel lässt sich hier der Begriff *Flirt* nennen. Ist im Englischen *a/the flirt* ursprünglich die Bezeichnung für 'eine/die flirtende Person', so stellt es im Deutschen – nach dem Bedeutungswandel – nun die Handlung des Flirtens dar.

2.3.1.3 Mischkompositum

Bei den Mischkomposita handelt es sich um Zusammensetzungen aus englischen und deutschen (oder anderen fremdsprachlichen) Bestandteilen, wobei es nach Carstensen diverse Fälle zu unterscheiden gibt. Den ersten Fall beschreibt Carstensen wie folgt: „Das Mischkompositum hat ein englisches Vorbild, aber nur einer der beiden Teile ist ins Deutsche 'lehnübersetzt' worden" (Carstensen, *AWb* Bd.1: 67). Beispiele, die Carstensen anführt, sind *Heimcomputer*, *Krisenmanagement* und *Son-*

[19] Vgl. Carstensen, *AWb* Bd.1: 65.

nentop. Ein weiterer Fall tritt bei Wörtern auf, „in denen das Mischkompositum kein englisches Vorbild hat" (Carstensen, *AWb* Bd.1: 67). Als Beispiele dienen ihm die Komposita *Hollywood-Schaukel* und *Managerkrankheit*. Eine andere mögliche Kategorie der Mischkomposita beschreibt Carstensen als „Fälle, in denen ein englisches mit einem nicht-englischen und gleichzeitig nicht-deutschen Lexem eine Verbindung eingeht" (Carstensen, *AWb* Bd.1: 67), wie zum Beispiel in *Manager-Niveau* oder *Teamchef*.

Neben diesen klar definierten Fällen gibt es allerdings auch Mischkomposita, bei denen die Frage nach der Entstehung offen bleibt und nicht eindeutig geklärt werden kann.

2.3.2 Inneres Lehngut

Unter dem Begriff *inneres Lehngut* versteht man im Allgemeinen „diejenigen Entlehnungen, die im Gegensatz zum 'äußeren Lehngut' ausdruckseitig kein englisches Morphemmaterial enthalten." (Yang: 15).

Es wird hierbei aufgegliedert in die Termini *Lehnbedeutung* und *Lehnbildung* (*Lehnübersetzung*, *Lehnübertragung* und *Lehnschöpfung*).

Die Bezeichnung Lehnbedeutung meint „die Übertragung der Bedeutung eines englischen auf ein im Deutschen bereits vorhandenes Wort oder eine Kombination von Lexemen" (Carstensen, *AWb* Bd.1: 56).

Einige hierzu anzuführende Beispiele nennt Carstensen (Carstensen 1967: 23):

> *[...] 'realisieren', das unter dem Einfluß von 'to realize' neu die Lehnbedeutung 'sich vorstellen' angenommen hat. 'Hassen' bedeutet unter englischem Einfluß heute auch 'nicht gerne mögen', so wie 'lieben' zusätzlich die Bedeutung 'gern mögen' angenommen hat.*

Neben den Lehnbedeutungen sind die Lehnbildungen die zweite Unterkategorie des inneren Lehnguts. Diese wiederum werden unterschieden nach *Lehnübersetzung*, *-übertragung* und *-schöpfung*.

Carstensen bezeichnet hierbei die LEHNÜBERSETZUNGEN als die „zentrale Kategorie" (Carstensen: *AWb* Bd.1:53) des *inneren* Lehnguts, wobei er den Begriff anders definiert als Betz. Nach Betz handelt es sich hierbei um eine „Glied-für-Glied-

Wiedergabe" (zitiert nach Carstensen: *AWb* Bd.1:53) einer englischen Lexemverbindung. Carstensen jedoch bevorzugt es, bei einer Lehnübersetzung von „nächster lexikalischer Entsprechung" (Carstensen: *AWb* Bd.1: 53) zu reden. Eindeutige Beispiele, die sich anführen lassen, sind *Taschenbuch* (nach *pocket book*), *Kabelfernsehen* (nach *cable television*), *Blumenkind* (nach *flower child*) oder *Gipfelkonferenz* (nach *summit conference*).

Es gibt beim Terminus *Lehnübersetzung* allerdings oftmals Probleme, da eine 1:1-Entsprechung wie in den vorangegangenen Beispielen nicht immer möglich ist. Carstensen führt hier das Beispiel *flexible response* an, das am häufigsten mit *flexible Antwort* übersetzt wird und stellt fest: „Für englisch *'flexible'* kämen deutsch *'flexibel'* und *'beweglich'* in Frage, und englisch *'response'* kann mit deutsch *'Antwort'*, *'Erwiderung'*, *'Abwehr'*, *'Abwehrreaktion'* etc. wiedergegeben werden" (Carstensen: *AWb* Bd.1:54). Es stellt sich für ihn somit oftmals die Frage, ob es sich bei den von Betz so genannten *Lehnübersetzungen* tatsächlich um eine Entlehnung, oder doch eher um eine zufällige Entsprechung handelt.[20]

LEHNÜBERTRAGUNGEN liegen im Gegensatz zu den -übersetzungen dann vor, wenn „bei einem mehrgliedrigen englischen Begriff ein Teil 'wörtlich', ein anderer 'frei' ins Deutsche übersetzt wird" (Carstensen: *AWb* Bd.1: 55), wie beispielsweise bei *Wolkenkratzer* vom englischen *skyscraper*[21] oder bei *Luftbrücke* aus *airlift* (Carstensen 1967: 23).

Nach Carstensen ist für die LEHNSCHÖPFUNGEN charakteristisch, „dass das englische Vorbild in diesen Fällen nicht deutlich ist, aber entscheidend bleibt, dass ein englisches Sprachzeichen einen Prozess auslöst, der zu einem deutschen Sprachzeichen führt" (Carstensen: *AWb* Bd.1: 58). Außerdem stellt sie eine „formal unabhängige Neubildung eines Wortes zur Übersetzung eines fremden" (Carstensen 1967: 23) dar. Fälle, bei denen Lehnschöpfungen vorliegen, sind beispielsweise *Wasserglätte* nach dem englischen Vorbild *aquaplaning*[22] oder *Luftkissenboot* nach *hovercraft*.[23]

---

[20] Vgl. zu Lehnübersetzungen Carstensen: *AWb* Bd.1: 53f.

[21] Vgl. Carstensen: *Awb* Bd.1: 58.

[22] Vgl. Carstensen: *Awb* Bd.1: 58.

[23] Vgl. Carstensen 1967: 23.

3 Deskriptiver Teil – Anglizismen in neuesten deutschen Zeitschriften, am Beispiel von: *DER SPIEGEL, FOCUS, BRIGITTE, GQ*

3.1 Corpus und Grundsätze

Der Corpus für diese Studie wurde den vier Zeitschriften, und hierbei jeweils einer zeitlich entsprechenden Ausgabe, entnommen. Es wurden folgende Ausgaben zur Untersuchung herangezogen:

DER SPIEGEL	–	Nr. 2 // 09.01.2006
FOCUS	–	Nr. 2 // 09.01.2006
BRIGITTE	–	Nr. 2 // 04.01.2006
GQ	–	Heft Januar 2006

Nachdem in dieser Studie die Sprache der einzelnen Zeitschriften im Mittelpunkt der Analyse steht, werden ausschließlich die Seiten mit hierfür relevanten Textstellen untersucht. Somit wurden sowohl die jeweiligen Deckblätter und Inhaltsverzeichnisse als auch die Leserbriefe und zeitungsinterne Anzeigen, wie Impressum oder Abonnementangaben, herausgenommen, da sie bezüglich der Sprache der Zeitschriften nicht aussagekräftig sind.

Des Weiteren wurden sämtliche Werbeanzeigen weggelassen, da im Rahmen dieser Studie nur die 'Pressesprache' untersucht werden soll und die Sprache der Werbebranche eine eigenständige Untersuchung darstellen würde, zu der es auch bereits mehrere Arbeiten gibt.

Die zur Untersuchung herangezogene Gesamtseitenzahl aller vier Zeitschriften beläuft sich somit auf 521 Seiten. Im SPIEGEL wurden hierbei 118 Seiten untersucht, im FOCUS 114 Seiten, in der BRIGITTE 165 Seiten und in der GQ 124 Seiten. Die folgende Tabelle dient hierbei als veranschaulichende Übersicht des Corpus.

Tab. 1: **Corpus | Gesamtseitenzahl**

Corpus / Gesamtseitenzahl		521
Seiten aus	DER SPIEGEL	118
	FOCUS	114
	BRIGITTE	165
	GQ	124

Im Rahmen dieser Studie werden wie bei Yang die vorgefundenen Anglizismen und deren Frequenz jeweils im Verhältnis zur Seitenzahl analysiert und nicht, wie in anderen bereits vorliegenden Arbeiten (z.B. bei Langer), deren Untersuchungen auch oftmals computergestützt sind, im Verhältnis zur Gesamtwörterzahl.

Zweck der vorliegenden Auszählung ist es, herauszufinden, wie hoch der Anteil des englischen Wortguts in den jeweiligen Zeitschriften ist. Gleichzeitig soll analysiert werden, wie sich die Anglizismen auf die einzelnen Wortarten verteilen. Des Weiteren werden in den einzelnen Kapiteln zahlreiche Beispiele aus dem Corpus aufgezeigt, damit ein Einblick in die Verwendung von Anglizismen gewährt und ein abschließender Vergleich der einzelnen Zeitschriften gezogen werden kann.

Folgende Grundsätze wurden der Auszählung zugrunde gelegt:

Das registrierte Wortgut stellen dar:

- Äußeres Lehngut (Fremdwörter, Lehnwörter, Scheinentlehnungen und Mischkomposita)
- Abgeleitete Anglizismen
- Abgekürzte Anglizismen
- Inneres Lehngut (soweit in der Kürze der Bearbeitungszeit vorgefunden)

Ausgeklammert wurden:

- Personennamen
- Geographische Namen
- Englische Titel von Büchern, Zeitschriften etc.
- Namen von Parteien
- Markennamen

Außerdem:

- Zusammensetzungen aus zwei oder mehreren Anglizismen (mit/ohne Bindestrich verbunden) sowie Mischkomposita gelten als ein Wort
- Verschiedene Schreibweisen wurden berücksichtigt und die entsprechenden Wörter wurden einzeln aufgeführt

3.2 Auswertung der Untersuchung

3.2.1 Anzahl und Frequenz der Anglizismen

Als Termini werden die von Yang genannten Begriffe *types* und *tokens* verwendet, wobei der Begriff *types* die verschiedenen Anglizismentypen bezeichnet und *tokens* für die Häufigkeit des Auftretens, also die Frequenz verwendet wird[24].

Zunächst einmal soll hier verdeutlicht werden, wie sich die Anzahl der jeweils untersuchten Seiten zu den Seiten verhält, auf denen tatsächlich Anglizismen gefunden wurden:

Im SPIEGEL wurden 118 Seiten untersucht, wobei auf 99 Seiten Anglizismen gefunden wurden. Im FOCUS waren 114 Seiten Gegenstand der Untersuchung, und eingesetzt wurde englisches Wortgut auf 97 Seiten. In der BRIGITTE, in der mit 165 Seiten der größte Umfang bestand, wurden auf 122 Seiten Anglizismen vorgefunden und in der GQ mit 124 untersuchten Seiten wurden schließlich auf 106 Seiten Anglizismen entdeckt.

Die folgende Tabelle zeigt dieses Verhältnis in Prozentzahlen auf.

---

[24] Vgl. Yang: 26.

Tab. 2: Prozentuales Verhältnis der untersuchten Seiten zur Anzahl der Seiten mit Anglizismen

	DER SPIEGEL	FOCUS	BRIGITTE	GQ
Untersuchte Seiten	118	114	165	124
Seiten mit Anglizismen	99	97	122	106
Prozentualsatz der Seiten mit Anglizismen	83,9%	85,1%	73,9%	85,5%

Folgende Erkenntnisse lassen sich aus der Tabelle schließen:

Im SPIEGEL stellen die Seiten, auf denen Anglizismen gefunden wurden, einen Prozentsatz von 83,9% dar. Die Prozentzahl der Seiten, auf denen im FOCUS Anglizismen gezählt wurden, liegt bei 85,1%.

Auch in der GQ wurde auf über 80% der untersuchten Seiten, nämlich auf 85,5% englisches Wortgut entdeckt. Die geringste Prozentzahl wurde in der BRIGITTE berechnet. Nur auf 73,9% der untersuchten Seiten wurden Anglizismen gefunden, was hauptsächlich an der hohen Anzahl textfreier Seiten (z.B. im Modebereich) liegt.

Interessant erscheint für diese Analyse weiterhin auch die Frage, wie oft jeder Anglizismustyp durchschnittlich benutzt wurde – Yang nennt dies die „type-token-ratio" (Yang: 26).

Wie die folgende Tabelle zeigt, wurde im SPIEGEL jeder *type* im Durchschnitt 1,41x, im FOCUS 1,44x, in der BRIGITTE 1,74x und in der GQ 1,60x verwendet.

Tab. 3: **Durchschnittliche Verwendungsfrequenz pro Anglizismus**

Zeitschrift	Zahl der Anglizismen (*types*)	Frequenz (*tokens*)	TTR (= *type-token*-ratio)
DER SPIEGEL	491	693	1,41 x
FOCUS	531	765	1,44 x
BRIGITTE	466	812	1,74 x
GQ	676	1086	1,61 x

Weitere aus der Tabelle erkennbare Ergebnisse sind:

Die Gesamtanzahl der verwendeten Anglizismen beläuft sich im SPIEGEL auf 491, im FOCUS auf 531, in der BRIGITTE auf 466 und in der GQ auf 676.

Somit wurden in der BRIGITTE am wenigsten Anglizismentypen aufgefunden, jedoch wurden Anglizismen insgesamt recht oft verwendet, nämlich 812 Mal. Mit einer Frequenz von 1086 wurde in der GQ mit Abstand am häufigsten englisches Wortgut verwendet. Die Anzahl der unterschiedlichen *types* ist mit 676 in der GQ ebenfalls am Größten. Im SPIEGEL wurden 491 *types* entdeckt und insgesamt wurden 693 Mal Anglizismen verwendet. Der FOCUS liegt mit 531 unterschiedlichen Anglizismen und einer Frequenz von 765 im Mittelfeld der Untersuchungen.

Zur durchschnittlichen Verwendung der gezählten Anglizismen pro Seite (*tokens*) lässt sich sagen, dass in den Nachrichtenmagazinen SPIEGEL und FOCUS mit durchschnittlich 5,87 und 6,71 mal pro Seite ein relativ vergleichbarer Wert auszumachen ist, während sich das Lifestyle-Männer-Magazin GQ mit durchschnittlich 8,76 mal pro untersuchter Seite von diesen Ergebnissen stark abhebt, da weitaus häufiger pro Seite Anglizismen verwendet wurden. Am wenigsten wurde in der Frauenzeitschrift BRIGITTE englisches Wortgut pro Seite verwendet. Dieser Wert hat allerdings auch mit der höheren Anzahl an behandelten Seiten zu tun.

Zur Veranschaulichung der Ergebnisse soll nun die folgende Tabelle dienen:

Tab. 4: **Durchschnittliche Verwendungsfrequenz pro Seite**

Zeitschrift	Frequenz (*tokens*)	Anzahl der untersuchten Seiten	Durchschnitt pro Seite (*tokens* : Seite)
DER SPIEGEL	693	118	5,87
FOCUS	765	114	6,71
BRIGITTE	812	165	4,92
GQ	1086	124	8,76

Es fallen bei der Untersuchung des Corpus einige Anglizismen ins Auge, die wesentlich häufiger aufgefunden wurden als andere.

Um einen Überblick über die insgesamt am häufigsten verwendeten Anglizismen zu schaffen, wurde die folgende Tabelle angelegt, die nur Anglizismen mit insgesamt mindestens zehn *tokens* beinhaltet:

Tab. 5: **Die am häufigsten verwendeten Anglizismen**

Type	DER SPIEGEL	FOCUS	BRIGITTE	GQ	*Tokens* insgesamt
Sex	-	1	50	7	58
Film	6	7	11	24	48
Trend	3	1	7	33	44
Job	10	14	8	6	38
Internet	3	14	8	12	37
Handy	1	4	14	16	35

Partner	2	8	22	1	33
Interview	6	15	-	8	29
Stress	2	1	21	-	24
Szene	19	1	2	2	24
Computer	6	3	2	10	21
Daten	3	3	-	13	19
Fan	2	11	2	2	17
Airport	-	11	-	-	11

Wie aus der Tabelle hervorgeht, ist der insgesamt am häufigsten gebrauchte Anglizismus das Wort *Sex* mit 58 *tokens,* wobei er im SPIEGEL nicht gefunden wurde, in der BRIGITTE jedoch fünfzig Mal. Gefolgt wird er von *Film* (48x), *Trend* (44x) und *Job* (38x), während an unterster Stelle der Liste die Wörter *Computer* (21x), *Daten* (19x), *Fan* (17x) und *Airport* (11x) stehen.

Festzustellen bleibt außerdem, dass nicht jeder dieser Anglizismen auch in allen vier Zeitschriften vorkommt. Die *types,* die nicht in jeder Zeitschrift vorgefunden wurden, sind *Airport,* das überhaupt nur im FOCUS vorfindlich war, dort jedoch elf Mal gezählt wurde. Außerdem das Pluralwort *Daten* und das Substantiv *Interview,* die in der BRIGITTE nicht aufgetreten sind sowie *Stress,* welches nicht in der GQ vorkommt.

3.2.2 Vorfindlichkeiten der Anglizismen nach Wortarten

Insgesamt sind in den Zeitschriften hauptsächlich drei verschiedene Wortarten unter den Anglizismen eingesetzt worden: Substantive, Verben und Adjektive. Des Weiteren ließen sich – teilweise zum inneren Lehngut gehörend – auch einige Phrasen, bzw. aneinandergereihte Wörter auffinden, die hier unter dem Überbegriff *Andere* aufgeführt wurden. Zwei (oder mehrere) Substantive, die zwar ohne Bindestrich verbunden sind, jedoch eindeutig zusammengehören, wurden als ein Wort gezählt. Alles in Allem ist deutlich zu erkennen, dass in allen Zeitschriften der größte Teil der Anglizismen zum Bereich der Substantive gehört.

Die folgende Tabelle gibt hier zunächst eine Übersicht über die Ergebnisse:

Tab. 6: **Vorfindlichkeiten der Anglizismen nach Wortarten**

Wortart	DER SPIEGEL	FOCUS	BRIGITTE	GQ
Substantive	452 (92,1%)	493 (92,8%)	427 (91,6%)	618 (91,4%)
Verben	15 (3,1%)	18 (3,4%)	14 (3,0%)	26 (3,9%)
Adjektive	15 (3,1%)	12 (2,3%)	20 (4,3%)	18 (2,7%)
Andere	9 (1,8%)	8 (1,5%)	5 (1,1%)	14 (2,1%)

In der GQ wurden insgesamt 618 verschiedene Substantive gezählt und somit weitaus mehr als in allen drei anderen Zeitschriften. Jedoch muss diese Zahl natürlich im Verhältnis zur Gesamtzahl der *types* gesehen werden und somit ergibt sich eine Prozentzahl von 91,4%. Diese wiederum verdeutlicht, dass in der GQ prozentual gesehen zusammen mit der BRIGITTE die wenigsten Substantive enthalten sind.

Auch bei den Verben steht die GQ mit 26 *types* auf Rang eins der Vorfindlichkeiten, was sich dieses Mal auch mit der Prozentzahl deckt, die mit 3,9% die höchste von allen vier Zeitschriften ist.

Mit achtzehn unterschiedlichen Adjektiven und einer Prozentzahl von 2,7% liegt die GQ im Vergleich mit den anderen Zeitschriften im Mittelfeld. Auffallend ist wiederum, dass in dem Männermagazin vierzehn Anglizismen unter den Bereich *Andere* fallen, was einem Prozentsatz von 2,1% entspricht.

Die beiden politischen Magazine FOCUS und DER SPIEGEL schneiden erwartungsgemäß ähnlich ab. Während im FOCUS 493 Substantive (92,8%) aufgefunden wurden, wurden im SPIEGEL 452 (92,1%) verwendet. Ebenso kommen in beiden Zeitschriften *types* vor, die unter dem Begriff *Andere* aufgeführt werden – im SPIEGEL wurden neun gefunden (1,8%), und im FOCUS acht (1,5%).

Im SPIEGEL entspricht die Zahl der Adjektive mit fünfzehn *types* (3,1%) denen der Verben, wohingegen im FOCUS achtzehn Verben (3,4%), aber nur zwölf Adjektive (2,3%) vorgefunden wurden.

In der Frauenzeitschrift BRIGITTE wurden am meisten Adjektive verwandt, nämlich insgesamt zwanzig verschiedene, woraus sich eine Prozentzahl von 4,3% ergibt. Dahingegen wurden mit nur fünf Stück (1,1%) am wenigsten *types* aus dem Bereich *Andere* gefunden.

Als Ergebnis lässt sich Folgendes zusammenfassen:

Die Substantive stellen eine deutliche Dominanz gegenüber den anderen Wortarten dar; in allen vier Zeitschriften nehmen sie mehr als 90% der Gesamtwörter ein – im Durchschnitt kommt man auf eine Prozentzahl von 92%. Dies ist auch nicht überraschend, betrachtet man die Tatsache, dass die meisten Anglizismen im englischsprachigen Raum durch Innovationen im Bereich Technik und Ökonomie neu entstanden sind und so ins Deutsche übernommen wurden, da es keine entsprechenden substantivischen Bezeichnungen gab.

An zweiter Stelle stehen die Verben mit insgesamt 55 *types* und einer durchschnittlichen Verwendung von 3,35% bezogen auf die Gesamtwörterzahl. Zur Frequenz der Verben ist zu sagen, dass insgesamt 106 *tokens* ausgezählt wurden, womit sich ein TTR (*type-token*-ratio) von 1,9x ergibt (siehe Tabelle 7).

Die Adjektive belaufen sich auf durchschnittlich 3,1% und stehen somit an dritter Stelle. Es wurden insgesamt 49 *types* vorgefunden und 92 *tokens* (siehe Tabelle 8).

Die *types*, die zu den *Anderen* zählen, nehmen durchschnittlich nur 1,6% der Gesamtwörter ein und stehen somit – wie erwartet – deutlich an letzter Stelle.

Dieses Ergebnis, und somit auch die Tatsache, dass man die Substantive als repräsentative Größe ansehen kann, stimmt mit anderen vorliegenden Studien überein, wie beispielsweise mit der von Yang, in der im letzten untersuchten Jahrgang 93,22% der Anglizismen zu den Substantiven zählen[25] oder der von Viereck, in der 91,2% der *types* substantivisch sind[26].

In der Vorfindlichkeit der Verben und Adjektive variieren die Ergebnisse in anderen Arbeiten – daraus lässt sich schließen, dass die Verben und Adjektive stets miteinander in Konkurrenz stehen. Jedoch bleiben sie immer weit unter den Substantiven und kommen in keiner Untersuchung über die Marke von 10%.

Da im weiteren Verlauf dieser Studie hauptsächlich die dominante Gruppe der Substantive im Mittelpunkt der Untersuchung stehen wird, werden nun in den folgenden Tabellen die Verben und Adjektive, die in den Zeitschriften auftreten, noch einmal gesondert aufgelistet und anschließend Auffälliges herausgestellt.

Dies dient zur Veranschaulichung dieses Kapitels und ist wegen der überschaubaren Menge der Verben und Adjektive in diesem Rahmen möglich.

Hier zunächst die Liste der Verben:

Tab. 7: ***Types* und *Tokens* der Verben im Corpus**

Type	DER SPIEGEL	FOCUS	BRIGITTE	GQ	*Tokens* insgesamt
auspowern	-	-	2	-	2
austrainieren	1	-	-	-	1
bluffen	1	-	-	-	1
boomen	1	1	1	-	3
boxen	-	1	-	-	1

25 Vgl. Yang: 29.

26 Vgl. Viereck, K.: 229.

carven	-	1	-	-	1
celebritize	-	-	-	3	3
checken	-	-	4	-	4
coachen	-	-	2	-	2
cruisen	-	-	1	-	1
dealen	-	1	-	1	2
designen	-	1	-	2	3
dopen	-	-	-	1	1
durchboxen	1	-	-	-	1
filmen	-	-	-	2	2
flirten	-	-	2	-	2
fuck	-	-	-	1	1
grooven	-	-	1	-	1
hochpushen	1	-	-	-	1
hochzoomen	-	-	-	1	1
jobben	-	-	-	1	1
joggen	-	-	3	2	5
kickboxen	-	-	-	1	1
kicken	-	1	-	1	2
killen	-	-	-	1	1
klonen	1	-	-	-	1
kontrollieren	2	2	-	-	4
leasen	-	1	-	-	1
managen	-	1	-	1	2
mixen	-	-	1	-	1

niedertalken	-	-	-	1	1
piercen	1	-	1	-	2
pinnen	-	-	-	1	1
pokern	1	1	-	-	2
relaxen	-	-	2	-	2
sampeln	-	-	-	1	1
shoppen	-	1	-	-	1
sponsern	-	1	-	-	1
sprinten	1	-	-	-	1
starten	-	-	1	1	2
stoppen	-	1	-	1	2
stylen	-	1	4	-	5
surfen	-	1	-	3	4
swingen	-	-	-	1	1
testen	1	1	-	3	5
toasten	-	-	1	-	1
touren	-	1	-	-	1
trainieren	1	1	-	8	10
tricksen	1	-	-	-	1
updaten	-	-	-	1	1
vote	-	-	-	1	1
votieren	1	-	-	-	1
wegboxen	-	-	-	1	1
zappen	1	2	-	-	3
zoomen	-	-	-	2	2

Aus der vorangegangenen Tabelle lassen sich folgende Erkenntnisse gewinnen:

Es treten keine Verben auf, die in allen vier Zeitschriften vorkommen. Jedoch gibt es drei Verben, die in drei der Zeitschriften gefunden wurden. Diese sind: *boomen, testen* und *trainieren.*

Des Weiteren lassen sich deutliche Unterschiede bei den *tokens* feststellen: Während 31 Verben (*types*) im gesamten Corpus nur einmalig verwandt wurden (diese machen 56,36% der Gesamtzahl aus), wurden andere weitaus häufiger vorgefunden – sie lauten: *checken* (4x), *joggen* (5x), *kontrollieren* (4x), *stylen* (5x), *surfen* (4x), *testen* (5x) und *trainieren* (10x). Diese Verben, die mindestens viermal aufgetreten sind, stellen zusammen eine Prozentzahl von 12,7% dar.

Die insgesamt am häufigsten gefundenen Verben sind *trainieren, joggen, stylen* und *testen*, wobei noch zu erwähnen ist, dass beim Verb *trainieren* allein acht von insgesamt zehn *tokens* aus dem Männermagazin GQ stammen.

Die Zeitschriften FOCUS und DER SPIEGEL, die beide politische Magazine sind und somit eine gewisse Ähnlichkeit vermuten lassen, weisen drei Verben auf, die nur in ihnen beiden gefunden wurden: *kontrollieren* (je 2x), *pokern* (je 1x) und *zappen* (DER SPIEGEL 1x, FOCUS 2x). Dahingegen kommen zwei Verben vor, die nur in beiden der zwei Lifestylemagazine auftreten, nämlich *joggen* (BRIGITTE 3x, GQ 2x) und *starten* (jeweils 1x).

In der folgenden Tabelle werden die Adjektive, die im Corpus auffindlich sind, aufgelistet:

Tab. 8: ***Types* und *Tokens* der Adjektive im Corpus**

Type	DER SPIEGEL	FOCUS	BRIGITTE	GQ	*Tokens* insgesamt
clever	-	1	-	-	1
computergeneriert	-	-	-	1	1
containerweise	1	-	-	-	1

cool	2	-	4	4	10
digital	2	3	3	-	8
easy	-	-	1	-	1
fair	1	-	-	-	1
fatal	1	-	-	-	1
fit	1	-	2	1	4
funky	-	-	1	-	1
glamourös	1	-	-	-	1
handyfrei	-	1	-	-	1
hip	-	2	-	-	2
HipHop-lastig	-	1	-	-	1
hippiemäßig	-	-	1	-	1
hypermodern	-	-	1	-	1
hypeweise	-	-	-	1	1
Internet-affin	-	1	-	-	1
interplanetar	1	-	-	-	1
live	1	1	-	2	4
megasuperkitschig	-	1	-	-	1
mild	-	-	-	1	1
nice	-	-	-	1	1
offline	-	-	1	1	2
okay	1	-	1	3	5
old-fashioned	-	-	-	1	1
online	5	-	1	1	7
out	-	-	1	-	1

poppig	-	-	-	1	1
reformgestresst	1	-	-	-	1
sexuell	-	-	1	-	1
sexy	1	-	2	2	5
smart	1	-	-	3	4
soft	-	-	-	1	1
sorry	-	-	-	1	1
super	-	1	2	-	3
superelegant	-	-	1	-	1
supererfolgreich	-	-	1	-	1
superlocker	-	-	1	-	1
top-aktuell	-	-	1	-	1
topmodern	-	1	-	-	1
trendbewußt	-	1	-	-	1
trendgetrieben	-	1	-	-	1
trendig	-	1	-	-	1
trickreich	1	-	-	-	1
ultrafein	-	-	1	-	1
ultramodern	-	-	1	-	1
unfair	-	-	-	1	1
used		-	-	1	1

Folgende Ergebnisse sind festzuhalten:

Wie bei den Verben gibt es kein Adjektiv, das in jeder Zeitschrift auftaucht. Doch auch unter den Adjektiven gibt es wieder solche, die in drei der Magazine vorzufinden sind. Sie decken sich hierbei – bis auf das Adjektiv *smart*, das mit vier *tokens* ebenfalls häufig verwendet, jedoch nur in zwei Zeitschriften gefunden wurde – mit denjenigen, die am meisten benutzt wurden. Diese sind: *cool* (10x), *digital* (8x), *fit* (4x), *live* (4x), *okay* (5x), *online* (7x) und *sexy* (5x).

Insgesamt sind 38 Adjektive zu nennen, die jeweils nur einmal vorgefunden wurden. Diese stellen eine Prozentzahl von 77,6% dar und bilden somit mit Abstand die größte Gruppe unter den Adjektiven.

Weiterhin auffällig ist, dass einige zusammengesetzte Adjektive mit demselben Wortstamm (Anglizismus) auftreten, und zwar jeweils in derselben Zeitschrift. Zu nennen sind die Adjektive mit dem Stamm *super-* (*superelegant, supererfolgreich* und *superlocker*) und dem Stamm *ultra-* (*ultrafein* und *ultramodern*) aus der BRIGITTE, sowie die Adjektive mit dem Stamm *trend-* (*trendbewußt, trendgetrieben* und *trendig*) aus dem FOCUS.

3.3 Vorfindlichkeiten der Anglizismen nach übergreifenden Kommunikationsbereichen

Die vier Magazine wurden im folgenden Kapitel in fünf übergreifende Rubriken eingeteilt, um aus jedem einzelnen Bereich diverse Beispiele für Anglizismen aus den Zeitschriften darzulegen. Auf diese Weise können auch weitere Eindrücke hinsichtlich des Auftretens von englischem Wortgut in den einzelnen Sachbereichen erhalten werden.

Hierbei sollen allerdings nicht alle *types*, die im Corpus vorgefunden wurden, auf die Bereiche aufgeteilt werden, da es auf diese Weise zu vielen Überschneidungen kommen würde. Vielmehr soll dieses Kapitel dem Aspekt *Vorfindlichkeiten* dienen, um zahlreiche Anglizismen als Beispiele aufzuzeigen.

Die fünf Rubriken, die für dieses Kapitel gewählt wurden, sind *Gesellschaft und Kultur, Innen- und Außenpolitik, Sport, Wissenschaft und Technik,* sowie *Wirtschaft und Finanzen.*

3.3.1 Gesellschaft und Kultur

Die übergreifenden Begriffe *Gesellschaft* und *Kultur* stellen in allen vier Magazinen einen umfassenden Kommunikationsbereich dar. Sowohl Berichte und Artikel über alltägliche Neuigkeiten, wie neue Filme, Trends oder Ereignisse, als auch über Begebenheiten im Bereich Literatur, Musik, Theater und Bildungswesen werden in diesem Themengebiet behandelt. Um eine Auswahl von Anglizismen aus Gesellschaft und Kultur darzustellen, sollen im Folgenden diverse Beispiele aus dem Corpus samt Belegen der Textstellen aufgeführt werden:

Alternativ-Countryband

> *[...] Jenny Lewis, die als Teenager ein erfolgreicher US-Serienstar war und heute die Alternativ-Countryband Rilo Kiley anführt. (SPIEGEL: 164)*

Bestseller

> *Lieber Original. Fremdsprachige Bestseller in Deutschland 2005. (FOCUS: 16)*

Entertainer

> *Dabei sind die richtigen Produzenten heute mindestens so wichtig wie die Entertainer auf der Bühne selbst.(FOCUS: 135)*

Hollywoodfilm

> *[...] er hat ein feines Gespür dafür, was Popstars vermeiden müssen, um sich nicht zu blamieren (weshalb man ihn wohl nie in einem Hollywoodfilm sehen wird). (GQ: 34)*

Lifestyle

> *Die Single-Freundin [...], die ihren Lifestyle damals ebenso originell wie witzig gegen alle Konventionen gelebt und verteidigt hat, wird zur unkalkulierbaren Giftspritze, [...]. (BRIGITTE: 52)*

old-fashioned

> *Navyblazer tragbar oder old-fashioned? (GQ: 12)*

Patchwork-Familie

> *Was verbindet, was trennt Jungen und Mädchen in Patchwork-Familien? (SPIEGEL: 144)*

Slim-Look

Der hautnahe Slim-Look der letzten Jahre erfährt endlich eine Brechung: Die Hosen haben wieder Beinfreiheit. (GQ: 128)

Soft-Skills

Gefragt sind vor allem die so genannten Soft Skills, ein Modeausdruck für Schlüsselqualifikationen wie Teamfähigkeit, Kommunikation und Sozialkompetenz. (FOCUS: 112)

ultramodern

Das Haus, ultramodern umgebaut mit altem Holz, Glas und Stahl, führen drei Geschwister [...]. (BRIGITTE: 162)

Wellness-Abteilung

Nur in der Wellness-Abteilung herrscht strenge Kleiderordnung – mehr als ein Badetuch darf niemand tragen. (BRIGITTE: 161)

3.3.2 Innen- und Außenpolitik

Politik ist in den zwei Nachrichtenmagazinen FOCUS und DER SPIEGEL naturgemäß der wichtigste Aspekt und obwohl natürlich auch andere Kommunikationsbereiche zu finden sind, stellt dieser Bereich die Mehrheit der Themen dar. Im Gegensatz dazu wird der Bereich *Politik* in den beiden Lifestylemagazinen gar nicht oder nur ansatzweise behandelt.

Aus diesem Grund wurden die Beispiele für Anglizismen zu diesem Kommunikationsbereich ausschließlich dem SPIEGEL und FOCUS entnommen:

Dumpinglohn

Denn natürlich muss der Beschäftigte von seinem Lohn leben können. Hungerlöhne oder Dumpinglöhne sind mit uns nicht zu machen. (SPIEGEL: 30)

EU-Gipfel

Auf der Tagesordnung des nächsten EU-Gipfels im März steht Versorgungssicherheit nun ganz oben. (FOCUS: 24)

Interview

Die Agentur bezog sich auf ein Interview der Archäologin mit dem arabischen Nachrichtensender al-Dschasira, konnte die Nachricht aber nicht mit Zitaten belegen. (FOCUS: 143)

Management

Das Management in Weeze befürchtet, dass sich Ryanair angesichts der unsicheren Rechtslage nach einem anderen Drehkreuz in der deutsch-niederländischen Grenzregion umsieht. (FOCUS: 160)

Papier

Läuft alles nach Plan, wird Merkel in Genshagen ein Papier beschließen lassen, das sich liest, als käme es aus einer Zeit, als man sich über Finanzierungsfragen keine weiteren Gedanken machen musste. (SPIEGEL: 24)

reformgestresst

Die Verschnaufpause kommt dem reformgestressten Wahlvolk womöglich sogar sehr gelegen. (SPIEGEL: 23)

3.3.3 Sport

Das Thema *Sport* wird in allen vier Magazinen relativ gleich oft und ausführlich behandelt. Insgesamt wurde die deutsche Sprache im Bereich *Sport* durch neu eingeführte englische und amerikanische Sportarten – und mit ihnen eingeführte Begriffe – stark beeinflusst, was besonders in den Lifestylemagazinen durch Artikel über Trendsportarten und Innovationen deutlich wird.

Beispiele aus dem Ressort *Sport* sind etwa:

Cage Diving

Sieben Tage Südafrika mit Flug nach Kapstadt und zwei Tagen Cage Diving gibt es ab 1 800 Euro. (GQ: 166)

Dopingprobe

Acht Monate lang wurde er gesperrt, weil er vergessen hatte, ine Dopingprobe abzugeben. (GQ: 146)

Fitnessstudio

Deshalb bin ich nach dem letzten Saisonrennen in China sofort in mein Fitnessstudio gegangen, als ich zuhause angekommen war. (SPIEGEL: 116)

Gocart

Noch vor vier Jahren saß der Sohn des Formel-1-Weltmeisters Keke Rosberg in einem Gocart. (GQ: 115)

Joggingrunde

Egal ob Yoga, Fitness oder die Joggingrunde im Park – diese Sport-Outfits eignen sich für alles. (BRIGITTE: 35)

Profi

24 Profis, darunter Erik Zabel (Foto) und Rolf Aldag, starten auf der Holzbahn. (FOCUS: 76)

Qualifying

Aber wenn wir weiterhin im Qualifying eine Sekunde langsamer als die Spitze sind, dann hilft auch kein Reifenwechsel im Rennen. (SPIEGEL: 118)

Team

Das kann die Hierarchie unter den Teams ein bisschen durcheinanderwirbeln. (SPIEGEL: 117)

Topteam

Die Topteams fuhren 2005 alle auf Michelin, während Ferrari von der japanischen Firma Bridgestone ausgerüstet wurde. (SPIEGEL: 118)

Volleyballfeld

Auf einem Landgut mit elf stilvoll restaurierten Ferienwohnungen, Schwimmbad, Volleyballfeld, [...], im zauberhaften Umbrien. (BRIGITTE: 125)

3.3.4 Wissenschaft und Technik

Einen größeren Schwerpunkt als in der Frauenzeitschrift *BRIGITTE* hat der Kommunikationsbereich *Wissenschaft* und *Technik* in den beiden politischen Magazinen und im Männermagazin GQ. Auch in diesem Bereich treten zahlreiche Anglizismen auf. Einige Beispiele aus dem Corpus sind:

Airbag

Die Forscher empfehlen, ihre Erkenntnisse bei der Konstruktion neuer Airbags zu berücksichtigen. (SPIEGEL: 139)

Cockpit

Und ein Cockpit mit so vielen Lämpchen, Knöpfen und Zeigern, dass es einem ganz schwindlig wird. (BRIGITTE: 156)

Conceptcar

Der EcoRacer, der als Conceptcar auf der Tokyo Motor Show vorgestellt wurde, beschleunigt in 6,3 Sekunden von null auf 100km/h, [...]. (GQ: 74)

Display

Das Display ist dünner und flexibler als eine Papyrusrolle aus dem alten Ägypten.
(GQ: 69)

Film-DVD

Hintergrund: Film-DVDs haben einen zu geringen Speicherplatz für hochauflösende Filme. (SPIEGEL: 139)

Highend-Gerät

Seine Projekte wie das PC-Gehäuse ,Proton' wirken wie edle Highend-Geräte. (SPIEGEL: 159)

Internet

Von wegen anonym: Immer mehr Menschen, die per Samenspende gezeugt wurden, spüren im Internet ihre Familienmitglieder auf. (FOCUS: 81)

Multimedia-Player

Der in Korea entwickelte Multimedia-Player [...] zeigt Filme im MP4-Format und Farbfotos auf einem Bildschirm, [...] (GQ: 82)

Pipeline

Seit dem legendären Erdgasröhren-Geschäft von 1970 verlässt sich die Bundesrepublik ganz darauf, dass der Rohstoff durch Pipelines [..] immerzu strömt und die steigende Nachfrage bedienen kann. (SPIEGEL: 35)

Show-Car

Folgerichtig knipsten die Wolfsburger das Rampenlicht für ihr spektakuläres Show-Car in der Pazifik-Metropole an. (FOCUS: 84)

3.3.5 Wirtschaft und Finanzen

Das übergreifende Ressort *Wirtschaft* und *Finanzen* ist wieder in den politischen Magazinen von weitaus größerer Bedeutung als in den anderen Magazinen. In der BRIGITTE wird diese Thematik überhaupt nicht behandelt. Anglizismen, die in diesem Ressort auftreten, sind beispielsweise:

Consultingfirma

Bei einem Europa-Vergleich der Consultingfirma [...] rangieren sie auf den hinteren Plätzen. (FOCUS: 148)

Daten

Das Bundesverfassungsgericht pocht auf einen bürgerschützenden Umgang mit den brisanten Daten. (FOCUS: 156)

Investmentbanker

Die Investmentbanker der Deutschen Bank sind ebenfalls an dem Deal beteiligt, wollen aber diesmal mit Gebühren zurückhalten. (SPIEGEL: 73)

Marketing

Er sagt dem Patron auch mal, wo es langgeht, wie zum Beispiel beim Marketing im Internet. (GQ: 113)

Tax Credits

Allein in Großbritannien brachte der Staat im Finanzjahr 2004/2005 rund 18 Milliarden Euro für die sogenannten Tax Credits [...] auf. (SPIEGEL: 76)

3.4 Vorfindlichkeiten der Anglizismen nach Entlehnungsarten

Die Untersuchung der Vorfindlichkeiten hinsichtlich der Entlehnungsarten soll in diesem Kapitel weiteren Aufschluss über die Verteilung der Anglizismen geben. Zunächst wird von jeder Zeitschrift jeweils die Anzahl der unterschiedlichen *types* genannt und diese Vorfindlichkeiten anhand von Prozentzahlen verdeutlicht. Anschließend werden jeweils diverse Beispiele und Belege aus dem Text angegeben.

Zunächst soll hier jedoch die folgende Tabelle einen Überblick über die Verteilung der Anglizismen auf die einzelnen Entlehnungsarten verschaffen.

Tab. 9: Vorfindlichkeiten der Anglizismen nach Entlehnungsarten

Zeitschrift / Entlehnungsart	DER SPIEGEL	FOCUS	BRIGITTE	GQ
Fremd-/Lehnwort	197 (40,12%)	194 (36,53%)	174 (37,34%)	304 (44,97%)
Mischkompositum	265 (53,97%)	284 (53,48%)	232 (49,79%)	299 (44,23%)
Scheinentlehnung	23 (4,68%)	49 (9,23%)	59 (12,67%)	72 (10,70%)
Inneres Lehngut	6 (1,22%)	4 (0,75%)	1 (0,21%)	1 (0,15%)

3.4.1 Fremdwort und Lehnwort

Im SPIEGEL wurden 197 Anglizismen der Kategorie Fremdwort/Lehnwort aufgefunden, das entspricht 40,12% der Gesamtzahl an *types* im SPIEGEL, die sich auf 491 belaufen. Im FOCUS wurden aus dieser Kategorie 194 Anglizismen gezählt, was bei insgesamt 531 *types* eine Prozentzahl von 36,53% ausmacht. Die Frauenzeitschrift BRIGITTE mit 466 *types* beinhaltet 174 Fremd-, bzw. Lehnwörter, was einem Prozentsatz von 37,34% entspricht.

Generell am häufigsten wurden Anglizismen, die zu dieser Kategorie gehören, in der GQ ausgemacht, nämlich 304 Fremd-/Lehnwörter, was bei insgesamt 676 *types* 44,97% bedeutet.

Es lässt sich also feststellen, dass in allen Zeitschriften jeweils über ein Drittel (nämlich durchschnittlich 39,74%) der vorgefundenen Anglizismen zu dieser Kategorie zählt. Dieses Ergebnis verdeutlicht, dass eine große Anzahl von Anglizismen in ihrer ursprünglichen Form oder nur leicht verändert in die deutsche Sprache integriert worden ist und vielfach Verwendung findet.

Beispiele für Fremd- bzw. Lehnwörter aus dem Corpus sind etwa:

Apartment

Den einzigen Luxus, den sich die Mannschaft leistet, sind vier angemietete Apartments in Patsch bei Innsbruck. (SPIEGEL: 121)

Baby

Das Baby Renzo strahlte hinter seinem Schnuller wie ein molvenisches Honigkuchenpferd. (GQ: 58)

Download

Allen, die sich gern vorlesen lassen, bietet FOCUS Online in Kooperation mit claudio.de über 1000 Tondokumente zum Download an. (FOCUS: 97)

Fairplay

Ganz im Sinne des Fairplay knipsen sie einfach ihrerseits die Übertäter mit ihren Fotohandys und verschaffen sich so ihre Beweismittel für das anschließende Gerichtsverfahren. (BRIGITTE: 105f.)

Insider

Seit rund vier Wochen sucht nach Auskunft von Insidern der Immobilienmakler Jones Lang LaSalle nach einem Käufer für das Portfolio. (SPIEGEL: 73)

killen

Jesus Christus, das Monster wird mich killen! Ich rührte mich nicht mehr von der Stelle. (GQ. 172)

Newcomer

Newcomer Los Angeles empfängt die Motorfans schon seit Ende vergangener Woche. (FOCUS: 84)

Piercing

Meine damals große Liebe hatte gleich zwei Piercings hintereinander, und er wusste, wie er seine Zunge benutzen musste, [...]. (BRIGITTE: 86)

Slogan

Und der Elektronikhändler Media Markt wirbt in ganzseitigen Anzeigen mit Slogans wie ‚Die beste Elf des Jahres'. (SPIEGEL: 92)

zoomen

Die Kamera zoomt weiter in einen Stahltopf, die glasklare Flüssigkeit darin, zoomt weiter in den Topf und weiter, bis wir die Stickstoffatome tanzen sehen. (GQ: 100)

3.4.2 Scheinentlehnung

Scheinentlehnungen wurden sowohl im gesamten Corpus, als auch in den einzelnen Zeitschriften am wenigsten aufgefunden. Sie verteilen sich wie folgt: Im SPIEGEL wurden mit 23 Scheinentlehnungen am wenigsten gezählt, was 4,68% ausmacht. Der FOCUS beinhaltet schon mehr als doppelt so viele, nämlich 49 *types* - in Prozent ausgedrückt sind das 9,23%. 59 Anglizismen dieser Kategorie wurden im Frauenmagazin BRIGITTE vorgefunden – das sind 12,67%. Am häufigsten wurden schließlich in der GQ Scheinentlehnungen gezählt, und zwar 72 Mal. Prozentual gesehen machen diese allerdings nur 10,7% aus, was sich aus der Gesamtanzahl der Anglizismen schließen lässt. Scheinentlehnungen stellen also im Vergleich mit den anderen Entlehnungsarten des äußeren Lehngutes den geringsten Anteil der Anglizismen dar. Im Durchschnitt machen sie nur 9,32% der Anglizismen aus. Dieses Ergebnis stimmt unter anderem mit der Untersuchung von Langer überein, in der die Scheinentlehnungen sogar nur unter 1% des Corpus darstellen.[27] Die folgenden Beispiele geben einen kleinen Eindruck zur Verwendung der Scheinentlehnungen:

Businesslucher

Businesslucher bleiben in Frankfurt. Nach Langen findet nur, wer es wirklich wissen will. (GQ: 100)

Casemodder

‚Casemodder arbeiten gegen die Industrie', prahlt zwar der aktuelle Champion Benjamin Franz, 23. (SPIEGEL: 159)

Dream-Team

Unsere Sommelière Natalie Lumpp hat sechs solcher Dream-Teams zusammengestellt. (BRIGITTE: 170)

[27] Vgl. Langer: 49f.

Gangsterboy

Nur um mir selbst zu beweisen, dass ein paar dahergelaufene Gangsterboys in der deutschen Hauptstadt meinen hart erkämpften Ruhm als Frontschwein zu bekleckern nicht in der Lage sein würden. (GQ: 168)

Nordic Cruising/ Walking

Das sogenannte Nordic Walking wurde als Nordic Cruising in den Schnee verlagert – mit gigantischem Erfolg. (SPIEGEL: 71)

Pulli

Der rote Pulli war Cheyennes Idee. (FOCUS: 80)

3.4.3 Mischkompositum

Die Mischkomposita stellen jene Gruppe von Anglizismen dar, die mit 50,37% relativ gesehen die meiste durchschnittliche Verwendung findet. Dies gilt auch (abgesehen von der GQ, in der die Anzahl der Fremd-/Lehnwörter die der Mischkomposita knapp übersteigt) für die einzelnen Zeitschriften. Prozentual betrachtet kommen mit 53,97% die meisten Mischkomposita im SPIEGEL vor und es sind hierbei 265 *types*. Im FOCUS entsprechen die 284 Mischkomposita 53,48%. Die Zeitschrift BRIGITTE weist mit 232 *types* 49,79% der Gesamtanzahl an Anglizismen auf und in der GQ bedeuten die 299 gezählten Mischkomposita 44,23%. Somit wurden zwar am meisten unterschiedliche *types* in der GQ gefunden, jedoch machen diese dort im Verhältnis zur Gesamtzahl auch die geringste Prozentzahl aus.

Zur Erkenntnis, dass im Durchschnitt die Kategorie der Mischkomposita diejenige ist, die die meisten *types* unter den Anglizismen stellt, kommt auch Langer in ihrer Untersuchung.[28] Die Gruppe der Mischkomposita kann nach Langer außerdem noch in drei Untergruppen gegliedert werden. So gibt es diejenigen mit „einem ersten, englischen und einem zweiten, deutschen Bestandteil", die mit „einem ersten, deutschen und einem zweiten, englischen Bestandteil" und zuletzt die, „die mehr als zwei Bestandteile haben und bei denen der englische Bestandteil von deutschen Bestandteilen eingeschlossen ist" (Langer: 47).

---

[28] Vgl. Langer: 46f.

Beispiele aus dem Corpus zu allen Mischkompositum-Gruppen sind etwa:

Augen-Make-up-Entferner

Zum Abschminken nehme ich den „Toleriane"-Augen-Make-up-Entferner – in praktischen Einmalfläschchen passt er auch prima ins Reisegepäck. (BRIGITTE: 72)

Casting-Termin

Als er dann doch noch einen Casting-Termin für Roland Emmerichs Drama ‚Der Patriot' bekam, brach er mittendrin selbst ab, [...]. (GQ: 110)

Formelfreak

Formelfreaks werden John Wessons ‚Wissenschaft mit Kick' lieben – allein der 50-seitige Anhang enthält [...] Gleichungen, anhand derer sich die Kräfte des springenden Balles, [...] ermitteln lassen, [...]. (FOCUS: 128)

Jazzbuch

Was dabei herauskam, ist eines der erfolgreichsten Jazzbücher aller Zeiten: der Bildband ‚Jazzlife', der nun, [...] erschienen ist (Verlag Taschen). (SPIEGEL: 124)

Lieblingsdrink

Ihr Lieblingsdrink? Ein trockener Martini. (GQ: 36)

Schoko-Reiscracker

Statt der ganzen Tafel Schokolade nach dem Abendessen legen Sie sich zwei, drei Schoko-Reiscracker bereit. (BRIGITTE: 135)

trendgetrieben

Gemeinsam mit dem japanischen Designer (A Bathing Ape) entwirft Williams teure Turnschuhe [...] für trendgetriebene Mode-Opfer. (FOCUS: 135)

Werbe-E-Mail

Zum ersten Mal gelang es einem britischen Internet-Nutzer, eine Entschädigung von einem Unternehmen zu erstreiten, das ihm unerwünschte Werbe-E-Mails, sogenannte Spam-Mails, geschickt hatte. (SPIEGEL: 58)

3.4.4 Inneres Lehngut

Zum inneren Lehngut zählen Anglizismen, die auf den ersten Blick vom Leser oder Hörer meist gar nicht als solche aufgefasst werden. In der Kürze der Bearbeitungszeit wurden deshalb vermutlicherweise auch viele bei der Untersuchung der Zeitschriften übersehen. Prozentual gesehen machen sie erwartungsgemäß nur einen unbedeutenden Teil aus, nämlich 1,22% im SPIEGEL (sechs Anglizismen), 0,75% im FOCUS (vier Anglizismen), 0,21% in der BRIGITTE und 0,15% in der GQ (jeweils ein Anglizismus). Dennoch sollen hier einige Vorgefundene genannt werden, um einen Eindruck zu geben, wie sie verwandt werden:

Kalter Krieg – nach engl. *(the) cold war*

> *Kalter Krieg ums Gas. (FOCUS: 22)*

Kein Kommentar – nach engl. *no comment*

> *‚Kein Kommentar', sagt der Treuhänder Putschek zu den Gerüchten über Gasprom. (SPIEGEL: 105)*

Papier – nach engl. *paper*

> *Läuft alles nach Plan, wird Merkel in Genshagen ein Papier beschließen lassen, das sich liest, als käme es aus einer Zeit, als man sich über Finanzierungsfragen keine weiteren Gedanken machen musste. (SPIEGEL: 24)*

Stehende Ovationen – nach engl. *standing ovations*

> *Der Auftritt der britischen Filmlegende Christopher Lee sorgte für stehende Ovationen, [...]. (GQ:185)*

3.5 Integration der Anglizismen in die deutsche Sprache

Nach dem Zweiten Weltkrieg haben sich viele der ins Deutsche gelangten Anglizismen dem deutschen Sprachsystem angepasst, was sowohl hinsichtlich der Orthographie als auch der Morphologie zu beobachten ist.

Aus diesem Grund sollen hier jeweils die Arten der Integration beschrieben und Belege aus dem Corpus genannt werden.

3.5.1 Orthographische Integration

Im untersuchten Corpus wurden sowohl Anglizismen gefunden, die direkt übernommen wurden und ihre englische Schreibweise behalten haben, als auch solche, die sich dem orthographischen System des Deutschen angepasst haben.

Die erste Art der Integration stellt die Groß- und Kleinschreibung dar. Nachdem diejenigen Substantive unter den Anglizismen, die ihre (Klein-) Schreibung behalten haben, selten verwendete Substantive sind und mit nur sechs *types* einen sehr geringen Teil ausmachen, können sie hier im Einzelnen aufgeführt werden:

- *bulldog spirit (SPIEGEL)*
- *cunt (GQ)*
- *helper`s high (BRIGITTE)*
- *mission impossible (SPIEGEL)*
- *shark feeder (GQ)*
- *shark wrangler (GQ)*

Was die Groß-/Kleinschreibung betrifft, wurden alle anderen Substantive ins Deutsche integriert und werden nun großgeschrieben.

Es gibt aber noch weitere wichtige orthographische Veränderungen bei den Anglizismen im Corpus, die nun erläutert werden sollen:

Die Veränderung von <c> zu <k>

Einige Anglizismen wurden auf die Weise ins Deutsche integriert, dass sich der Buchstabe <c> zu <k> verändert hat. Allerdings kann man sagen, dass dieser Fall im Corpus nicht sehr häufig auftritt, denn es wurden insgesamt nur zehn *types* mit dieser orthographischen Veränderung gefunden.

Diese sind:

„Chicago"-Kassette – von engl. *cassette*

> *[...] der am nächsten Tag wieder mit Sack und Pack und schrecklicher „Chicago"-Kassette zurück in den Schwarzwald fuhr und nur seine Knutschflecken hinterließ. (BRIGITTE: 88)*

Exekutive Assistent – von engl. *executive assistant*

Der ‚Exekutive Assistent' des DBFV ist gleichzeitig Chef des [...] Landesverbandes und hatte sich [...] gegen Doping ausgesprochen. (SPIEGEL: 20)

Klon / Klonbetrug / Klon-Fälscher – von engl. *clone*

[...] was Hwang nicht gehindert hat, seine Klone zu fälschen. (SPIEGEL: 157)

Die Nachricht vom Klonbetrug in Südkorea hat Sie also überrascht? (SPIEGEL: 156)

[...] über den koreanischen Klon-Fälscher Hwang Woo Suk, alltägliche Mogeleien in der Wissenschaft und seine Ideen für eine ehrliche Forschung. (SPIEGEL: 156)

klonen – von engl. *to clone*

Als Erstem [...] war es ihm angeblich gelungen, menschliche Embryonen zu klonen und aus ihnen Stammzellen zu gewinnen. (SPIEGEL: 156)

Kondomautomat – von engl. *condom*

So versenken Caseconner die Rechnerelektronik in Gitarren, Kondomautomaten oder gar Aquarien. (SPIEGEL: 159)

Kontrollfreak – von engl. *control*

Nun, ich bin ein Kontrollfreak, ich kann gar nicht anders über diese Dinge nachdenken. (GQ: 50)

kontrollieren – von engl. *to control*

Ich weiß nicht, ob der Kreml Gasprom kontrolliert oder Gasprom den Kreml. (FOCUS: 25)

Kreditkarte – von engl. *credit card*

Bestellungen aus dem Ausland nur gegen Zahlung per Kreditkarte [...]. (BRIGITTE: 142)

Der Reisescanner [...] akzeptiert aber auch Visiten- und Kreditkarten. (GQ: 86)

Plastikflasche / Plastikschild – von engl. *plastic*

In allen Tonnen lagen Wurstreste neben Plastikflaschen und Zeitungen neben Blech, wie gehabt. (SPIEGEL: 111)

Tony hat jetzt nur noch [...] ein braunes, abgeblättertes Plastikschild, [...]. (SPIEGEL: 112)

Reaktorsicherheit – von engl. *reactor*

... für Umwelt, Naturschutz und Reaktorsicherheit. (SPIEGEL: 17)

Die Veränderung von <c> zu <z>

Auch gibt es im Corpus unter den Anglizismen solche mit der Veränderung des Buchstabens <c> zu <z>. Es handelt sich hierbei ausschließlich um die Wörter *Szene, Szenario* und *Szenerie* plus verschiedene Varianten davon. Insgesamt wurden achtzehn unterschiedliche *types* vorgefunden, einige Beispiele hierzu sind etwa:

Szenario / Gefahrenszenario / Sex-Szenario – von engl. *scenario*

In allen Szenarien, die wir durchspielen, bleibt die Zahl der Erwerbslosen [...] unter fünf Millionen. (SPIEGEL: 80)

Auch in anderen Städten spielen Polizisten alle erdenklichen Gefahrenszenarien durch. (FOCUS: 47)

Frau Knightley, Sie tanzen im Film [...] und spielen eine Drogen-Sex-Szene in der Wüste. Keine Hemmungen? (GQ: 30)

Szene / Blaublut-Szene / Boarder-Szene – von engl. *scene*

Burlesker die Szenen in den Mythen der Ägypter und Griechen: Seth ermordet seinen Bruder Osiris gleich zweimal; [...] (SPIEGEL: 146)

Akribisch bereitete sich der Politiker, [...], auf seinen Einsatz in der Blaublut-Szene vor. (FOCUS: 111)

Und in der coolen Boarder-Szene spricht sich herum, wie beliebt die Funparks [...] sind. (BRIGITTE: 165)

Szenerie – von engl. *scenery*

[...], Maler wie Ernst Ludwig Kirchner zeigten überspannte städtische Szenerien. (SPIEGEL: 135)

3.5.2 Morphologische Integration

Untersucht man Anglizismen nach ihrer morphologischen Integration ins Deutsche, so müssen die folgende Punkte in Betracht gezogen werden: Genuszuweisung, Pluralbildung und Flexion.

Genuszuweisung

Hierbei werden lediglich die substantivischen Anglizismen aus dem Corpus mit Zugehörigkeit zur Kategorie *Fremdwort/Lehnwort* berücksichtigt. Phrasen aus mehreren Wörtern (die bei den Wortarten zum Bereich *Andere* zählen) wurden hier ausgeschlossen.

Im SPIEGEL wurden demnach 179 Substantive aus den Fremd-/Lehnwörtern untersucht, im FOCUS 161, in der BRIGITTE 143 und in der GQ 245.

Es ergibt sich somit folgende Verteilung, die zunächst in der Tabelle veranschaulicht werden soll:

Tab. 10: Genuszuweisung der Fremd- / Lehnwörter im Corpus

Genus / **Zeitschrift**	**feminin**	**maskulin**	**neutral**
DER SPIEGEL	54 (30,17%)	76 (42,46%)	49 (27,37%)
FOCUS	30 (18,64%)	89 (55,28%)	42 (26,09%)
BRIGITTE	35 (24,48%)	62 (43,36%)	46 (32,17%)
GQ	41 (16,87%)	117 (48,15%)	87 (35,51%)

Aus der Untersuchung läßt sich folgende Verteilung zusammenfassen:

Im SPIEGEL wurden 54 feminine Anglizismen, 76 maskuline und 49 neutrale ausgezählt. Somit gab es mit 30,17% und 27,37% relativ vergleichbare Werte bei den Feminina und Neutra. Die Maskulina sind mit 42,46% der am häufigsten auftretende Genus.

Im FOCUS sind 89 Substantive maskulin, während nur 30 Anglizismen feminin und 42 neutral sind. In Prozentzahlen ausgedrückt bedeutet das, dass mit 55,28% über die Hälfte der Fremd-/Lehnwörter Maskulina sind. 26,09% entfallen auf die Neutra und 18,64% auf die Feminina.

Die Feminina in der BRIGITTE machen mit 35 nur 24,48% aus, die Maskulina mit 62 Substantiven 43,36% und die Neutra stellen bei 46 Substantiven 32,17% dar.

Wie bei den anderen Zeitschriften sind auch in der GQ die meisten Anglizismen maskulin, nämlich 117, was 48,15% entspricht. Nur 41 vorgefundene Feminina machen 16,87% aus und 86 Neutra 35,25%.

Insgesamt lassen sich also folgende Erkenntnisse aus der Verteilung schließen: Nimmt man die Werte für Feminina, Maskulina und Neutra aller Zeitschriften zusammen, ergibt sich folgender (relativer) Durchschnitt: Am wenigsten vorgefunden wurden feminine Anglizismen mit 22,54%, die Neutra machen durchschnittlich 30,29% aus und das am häufigsten vorgefundene Geschlecht sind die Maskulina mit 47,31%.

Die deutliche Überzahl an Maskulina trifft auch bei den vier einzelnen Zeitschriften zu, wobei sich die Vorfindlichkeiten der Feminina und Neutra jeweils unterscheidet. Zu einem vergleichbaren Ergebnis kommen auch Langer und Yang in ihren jeweiligen Untersuchungen.[29]

Für die Genusbestimmung sind nach Yang diverse Kriterien von Bedeutung. Die wichtigsten von ihnen sind:

[29] Vgl. Langer: 54f. und Yang: 153ff.

1) Lexikalische Ähnlichkeit: Das grammatische Geschlecht der nächsten deutschen Entsprechung ist von Bedeutung, wie zum Beispiel bei *der Boss* vom deutschen Wort *der Chef, die Power* von *die Kraft* oder *das Baby* von *das Kleinkind.*
2) Semantische Analogie, bei der ein weggelassenes Glied für die Genusbestimmung verantwortlich ist, wie beispielsweise bei *der Intercity (-zug).*
3) Gruppenanalogie: Eine Wortgruppe ist ausschlaggebend für das Geschlecht, wie die Gruppe *der Alkohol* mit Anglizismen wie *der Scotch, der Longdrink* oder *der Cocktail.*
4) Morphologische Analogie: Einige Suffixe lassen auf bestimmte Geschlechter schließen. Maskulina treten z. B. häufig bei Berufen oder technischen Ausdrücken auf, wie bei *der Barkeeper, der Manager, der Adapter* oder *der MP3-Player.* Neutra kommen vermehrt bei englischen Gerundien oder Wörtern mit dem Suffix *-ment* vor, wie bei *das timing* oder *das Doping, das Investment* oder *das Establishment.* Und Feminina schließlich treten oft beim Suffix *-ness* auf, wie etwa bei *die Fitness.*
5) Natürliches Geschlecht: Menschenum- oder beschreibende Anglizismen übernehmen das Geschlecht, wie bei *der Playboy* oder *die First Lady.*

Pluralbildung

Nachdem die Anglizismen in dieser Studie im Singular behandelt werden und auch im Wortindex so aufgelistet sind, werden die verschiedenen Pluralbildungen hier lediglich kurz beschrieben und jeweils einige Beispiele genannt. Nicht aber werden die Anglizismen im Corpus den jeweiligen Möglichkeiten zugeordnet.
Vergleichbare Erkenntnisse zur Pluralbildung wurden außerdem bei Langer und Yang geschlossen.[30]

[30] Vgl. Langer: 55f und Yang: 159f.

Neben einigen Ausnahmen, wie etwa *man – men*, wird der Plural bei den Anglizismen in der Regel nach dem gleichen Prinzip wie im Englischen gebildet, und zwar mit Anhängung des Pluralmorphems *–s*. Beispiele hierzu sind etwa:

- *die E-Mail – die E-Mails*
- *der Softdrink – die Softdrinks*
- *das Apartment – die Apartments*

Der Plural kann aber vereinzelt auch nach einem deutschen Prinzip, nämlich der Anhängung von *–e* gebildet werden. Als Beispiele für einen so gebildeten Plural können hier folgende Wörter genannt werden: *das Parlament – die Parlamente* und *das Programm – die Programme.*

Nicht unerwähnt bleiben dürfen auch die vereinzelten Pluralwörter im Corpus, die ausschließlich im Plural auftreten, wie etwa:

- *Daten*
- *Jeans*
- *Peanuts*
- *Standing ovations*

Aber im Gegensatz dazu auch Singularwörter, wie *Appeal.*

Eine andere Auffälligkeit ist die Tatsache, dass einige Anglizismen zwei Pluralformen haben, wie beispielsweise:

- *die Couch – die Couchs / die Couchen*
- *das Lunch – die Lunchs / die Lunche*
- *der Start – die Starts / die Starte*

Flexion des Verbs

Die aus dem Englischen ins Deutsche integrierten Verben passen sich normalerweise an das deutsche Flexionsschema an. Ihnen wird der Infinitiv *–en* angehängt und sie werden wie deutsche Verben verwandt. Einige Beispiele hierzu sind etwa:

- *cruisen*
- *dopen*
- *grooven*
- *updaten*
- *zoomen*

Es gibt in diesem Corpus nur drei Ausnahmen: Die Verben *celebritize*, *vote* und *fuck* (aus der GQ) wurden ohne Veränderung, also ohne integriert worden zu sein, nach dem englischen Schema verwendet. Von insgesamt 55 Verben machen diese drei Ausnahmefälle jedoch nur einen Prozentsatz von 5,45% aus.

Sie wurden in folgenden Zusammenhängen benutzt:

celebritize - Für dieses Verb gibt es keine adäquate Entsprechung und deshalb wurde es aus dem Englischen übernommen.

Das englische Wort celebritize ist leider nicht übersetzbar. (GQ: 34)

Was immer das sein mag, es wird durch ihn celebritized, er haucht der Sache den heiligen Geist der totalen Hipness ein. (GQ: 34)

Eine Sache allerdings betrachtet Williams dann doch als Leistung: dass er Klugheit celebritized hat. (GQ: 34)

fuck - Dieses Verb ist Bestandteil einer wörtlichen Rede (innerhalb eines Interviews).

Nein, als Engländerin sage ich sowieso ständig ‚fuck' und ‚cunt' – für Amerikaner ist das schon härter, als ihnen lieb ist. (GQ: 30)

vote - Dieses Verb wurde auf einer Seite benutzt, die für das Onlineportal der Zeitschrift wirbt.

Girls Voting. Jetzt staunen und wählen! (GQ: 92)

Flexion des Adjektivs

Auch die englischen Adjektive werden in die deutsche Flexion eingegliedert. Es lassen sich hierbei zwei Typen von Adjektiven unterscheiden:

1) Die ausschließlich prädikativ und somit unflektiert verwendeten Adjektive, wie beispielsweise *out, live, super* oder *easy*.
2) Die Adjektive, die neben der prädikativen Verwendung noch attributiv benutzt werden. Solche sind etwa: *fatal, mild, modern* oder *smart*.

Die Adjektive des zweiten Typs werden nach deutschen Regeln flektiert, wie am Beispiel von *smart* erkennbar ist:

> *Wolfgang Putschek, smartes Vorstandsmitglied der Raiffeisen Investment AG [...]. (SPIEGEL: 105)*

> *Wird gleich die smarteste, teuerste Sportswearlinie eines Popstars, kein so stilloses Protzzeug wie von P.Diddy, [...]. (GQ: 34)*

3.6 Stilistische Wirkung und Funktion der Anglizismen

Das folgende Kapitel befasst sich mit den Stilfunktionen und der Wirkung von Anglizismen in den vier untersuchten Zeitschriften. Bei der Beschäftigung mit Anglizismen stellt sich in pragmatischer Hinsicht insbesondere die Frage nach den Gründen und Motiven für deren Verwendung, wobei nach Yang hierbei „stilistische Werte und Gebrauchsmotive von Anglizismen eng zusammen(hängen)" (Yang: 118). Auch Pfitzner stellt fest, dass „alle sprachlichen Äußerungen stilistisch relevant sind" (Pfitzner: 29).

Zunächst sollen hier deshalb zwei Definitionen des Begriffes *Stil* genannt werden. Pfitzners Definition von *Stil* lautet (Pfitzner: 29):

> *Redestil ist ... die Gesamtheit der an bestimmte gesellschaftliche Anwendungsnormen gebundenen fakultativen Varianten der Rede innerhalb einer Reihe synonymischer Möglichkeiten zur sprachlichen Darstellung eines Sachverhalts.*

Nach Bußmann beinhaltet *Stil* Folgendes (Bußmann: 737):

> *Auf den Sprecher bezogen erscheint Stil als mehr oder minder kontrollierte Auswahl sprachlicher Mittel, auf den Text bezogen als spezifische Sprachgestalt, auf den Leser/Hörer bezogen als Abweichung (oder Bestätigung) von möglichen Erwartungen, d.h. als Wahrnehmung und Interpretation sprachlicher Besonderheiten.*

Stil bedeutet also, dass jeder Sprecher beim Durchführen sprachlicher Handlungen verschiedene Möglichkeiten hat, diese zu gestalten und das Gesagte zu formulieren. Diese Auswahl kann dabei sowohl bewusst als auch unbewusst geschehen und dem Sprecher stehen individuelle Variationsmöglichkeiten zur Verfügung. Eine wichtige Rolle spielen außerdem die jeweilige Kommunikationssituation und die gewünschte kommunikative Wirkung der Sprachhandlung.[31]

Pfitzner stellt weiterhin fest, dass insbesondere Anglizismen eine wichtige Stilfunktion haben, da diese „zu dem funktional-stilistisch differenzierten Teil des Wortschatz (gehören), da sie weder von allen Bevölkerungsschichten verstanden, bzw. angewendet werden noch nullexpressiv sind." (Pfitzner: 31) Im Gegenteil: Als „Sprachinseln innerhalb der großen Sprachgemeinschaft" (Pfitzner: 31) bilden sie wiederum kleinere Inseln, die nicht jedem Sprachteilnehmer verfügbar sind. Teilweise bereits vollständig in den Sprachgebrauch des Deutschen integriert, werden viele Anglizismen vermutlicherweise von den Sprechern unbewusst gebraucht und von den Hörern/Lesern ebenso unbewusst verstanden.

Es bleibt also festzuhalten, dass die Verwendung von Anglizismen immer eine Frage des Stils darstellt, da in vielen Fällen deutsche Entsprechungen oder Synonyme vorhanden sind und somit stets eine Entscheidung pro/contra Anglizismen getroffen werden kann.

Wie auch schon bei Galinsky (1963) und Pfitzner (1978), die bereits genannte ausführliche Arbeiten zu diesem Thema verfasst haben, soll auch in dieser Studie die stilistische Wirkung der Anglizismen in verschiedene Kategorien eingeteilt und auf diese Weise untersucht werden.

Die hier untersuchten Kategorien sind *Kolorit, Ausdruckskraft* und *Sprachökonomie.*

---

[31] Vgl. Linke / Nussbaumer / Portmann: 306f.

3.6.1 Kolorit

Der Begriff *Kolorit* wird in der Literatur, der Musik und der Kunst verwandt, um die besondere Stimmung einer Schilderung, eine bestimmte Klangart oder die Wirkung von Farben zu beschreiben.[32] Auf die Pressesprache übertragen bedeutet dies, dass Autoren den Wortschatz ihres Artikels stets so wählen, dass durch ihn Besonderheiten hervorgehoben bzw. untermauert werden. Anglizismen eignen sich dafür besonders, da sie so vielfältig und abwechslungsreich sind.

Für diese Untersuchung wird der Begriff *Kolorit* als solcher noch einmal unterteilt, und zwar in *Sozialkolorit, Fachkolorit* und *Lokalkolorit.* Die Begriffe werden in dieser Reihenfolge anhand von Beispielen aus dem Corpus erläutert.

3.6.1.1 Sozialkolorit

Durch die Sprache und die Art und Weise ihrer Anwendung entstehen in soziokultureller Hinsicht Zugehörigkeiten zu bestimmten Schichten oder Gruppen. Faktoren, die solche Gruppen bilden können, sind beispielsweise Alter, Interessen, Weltanschauung oder ein gewisses Verlangen nach Status.

In linguistischer Hinsicht wiederum stehen als Vorbilder für die Sprachanwendung und den Ausdruck heutzutage insbesondere die Massenmedien im Blickfeld, die einem breiten Publikum zugängig und deshalb zum größten Teil für die Verbreitung von Anglizismen verantwortlich sind.

So treten in den Medien (und somit auch in der Pressesprache) Anglizismen auf, die nur für bestimmte soziale Gruppen verwendet werden und innerhalb dieser Gruppe somit zur Kennzeichnung der Zugehörigkeit und zur sprachlichen Identifikation dienen. Andererseits werden sie aber auch zur sprachlichen Abgrenzung von anderen sozialen Gruppen benutzt, wobei deutlich festzuhalten bleibt, dass „die Formierung solcher Gruppen [...] auf ein wahlfreies Zusammenschließen der einzelnen Sprachmitglieder erfolgte [...]“ (Pfitzner: 97).

[32] Vgl. Pfitzner: 39.

Die Ausdrücke und Varianten innerhalb einer Sprachgemeinschaft bleiben Uneingeweihten dabei oftmals unverständlich und „der Anglizismus gilt sozusagen als sprachlicher Ausweis“ (Pfitzner: 99).
Für die Zeitschriften bedeutet dies, dass Anglizismen als stilistisches Mittel dienen, eine Person oder Gruppe zu charakterisieren oder auf eine Handlung zu weisen, die der Leser mit dieser Person/Gruppe gedanklich verbindet.[33]

Belege für einen Sozialkolorit zeichnende Anglizismen, die den finanziellen Hintergrund oder Status einer Person bzw. Gruppe verdeutlichen sollen, stellen die folgende Anglizismen dar:

Glamour-Chic, *Hollywood-Eleganz* und *Luxus-Trash*

> *Nicht zuletzt haben sie den mediterranen Glamour-Chic erfunden, eine Mischung aus italienischem Neorealismus, Hollywood-Eleganz und Luxus-Trash. (GQ: 44)*

Luxus-Liner

> *Ob im Grödnertal oder in Bormio, stets parkt der Luxus-Liner in der Nähe der Rennpiste. (SPIEGEL: 120)*

Penthouse

> *Chirurg Zhongxiang Tang zog in ein 145 Quadratmeter großes Penthouse – die Familie gehört zu den ersten Bewohnern. (FOCUS: 103)*

Superreiche

> *Starauktionator Tobias Meyer über die Goldgräberstimmung im Geschäft mit der Gegenwartskunst, [...] und den unverkrampften Lebensstil der neuen Superreichen. (SPIEGEL: 126)*

Außerdem zeichnen Wörter, die auf das Alter von Personen oder Gruppen hinweisen sollen einen Sozialkolorit; so beispielsweise:

Girlie-Look

> *Kleider sind jetzt [...] die Stoff gewordene ‚neue Romantik' – so nennt man den Stil, der den Girlie-Look endgültig vom Laufsteg verbannt hat. (BRIGITTE: 30)*

---

[33] Vgl. Pfitzner: 96ff.

Jungstar

Das gilt gerade für die neoromantische Malerei aus Deutschland, Bilder von solchen Jungstars wie Tim Eitel, [...]. (SPIEGEL: 129)

Teenager

Teenager, die heutzutage eine Tanzschule besuchen, können dort ein Anti-Blamier-Programm gleich mitabsolvieren. (FOCUS: 112)

Teenie

Verglichen mit anderen fangen die finnischen Teenies sehr früh an zu rauchen und zu trinken. (BRIGITTE: 9)

Yuppie

Dort hängt es zwischen den Poppern, Yuppies und den Bobos (Bohemian Bourgeois). (GQ:40)

3.6.1.2 Fachkolorit

Als *Fachkolorit* bezeichnet man die Wirkung und Bedeutung von Anglizismen, die speziell in der Fachsprache verwendet werden. Diese verleihen dem Text den Eindruck von „fachlicher Kompetenz, [...] Genauigkeit und Wissenschaftlichkeit" (Pfitzner: 47), müssen jedoch auch für den Leser ohne fachliche Vorkenntnisse verständlich sein, da eine Zeitschrift gewöhnlich eine breit gefächerte Leserschaft ansprechen möchte.

Es gibt in den Zeitschriften viele verschiedene Teilgebiete, in denen spezielle fachsprachliche Anglizismen vorkommen, die ein Fachkolorit ausstrahlen.

Hier sollen nun im Folgenden Belege aus den Texten genannt werden, und zwar zu den Bereichen *Elektronik und Multmedia*; *Wirtschaft, Finanzen und Politik*; *Gesellschaft und Kultur* sowie *Mode und Kosmetik*.

In der Kategorie *Elektronik und Multimedia* findet man zahlreiche Anglizismen, die ein Fachkolorit ausstrahlen - einige Beispiele sind etwa:

Bluetooth-Headset

Mit dem [...], dem kleinsten Bluetooth-Headset der Welt, passiert es eher, dass Ihnen Kollegen ins Ohr brüllen, in der Annahme, Sie hätten ein Hörgerät. (GQ: 80)

Casemodding und *Case Construction*

Einige besonders eifrige Bastler gehen inzwischen sogar schon über das reine Casemodding hinaus und bauen den Computer so um, dass er hinterher gar nicht mehr als Computer zu erkennen ist. Bei dieser ,Case Construction' (,Casecon') ist fast alles erlaubt, [...]. (SPIEGEL: 159)

Internet-Provider und *Web-Dienstleister*

Inzwischen ist ein Konkurrenzkampf zwischen Internet-Providern, Web-Dienstleistern und Fotofirmen entbrannt. (FOCUS: 94)

MP3-Player und *Notebook*

Jetzt kommt die Mini-Brennstoffzelle für MP3-Player, Notebooks und Handys. (GQ: 70)

Denkbarer wäre der iBusen, ein MP3-Player in der weiblichen Brust. Wir werden viel Spaß haben. (GQ: 90)

Des Weiteren treten unter den Anglizismen zahlreiche fachsprachliche Bezeichnungen im Gebiet *Wirtschaft, Finanzen und Politik* auf, wie:

Billig-Airline

Obschon die Mitarbeiter überwiegend Billig-Airlines nutzen, kosten allein die Flüge knapp eine Million Euro im Monat. (SPIEGEL: 17)

Hardliner

Der ausgewiesene Hardliner Chaddam gilt als einflussreicher Strippenzieher. (SPIEGEL: 97)

Lobbyist

In schwarzem Hut und Mantel verlässt Washingtons Lobbyist Jack Abramoff das Gericht. (FOCUS: 164)

Öl-Boom

Der Öl-Boom in der Provinz Alberta macht solche Gaben leicht finanzierbar, auch die Ausbeutung der gewaltigen, [...] Ölsandfelder verspricht fetten Gewinn. (SPIEGEL: 101)

Belege aus dem Sachbereich *Gesellschaft und Kultur* sind:

Bestseller

Packend, aufwühlend, Oscar-reif: Fernando Meirelles Verfilmung eines Bestsellers von John le Carré. (BRIGITTE: 53)

Cocktailkleid

Eine bis zu den Augen verschleierte Frau hält sich ein Cocktailkleid an, während auf dem Stand eine Marktfrau ausgestreckt in ihrer Ware döst. (SPIEGEL: 66)

Dresscode

Fast jeder kann mittlerweile bei Tischsitten oder Dresscodes mitreden, weil das Trainieren der vermeintlich richtigen Benimmregeln in den vergangenen Jahren einen eigenen Status erlangt hat. (FOCUS: 112)

Fan-T-Shirt

Dort werden für ein original Fan-T-Shirt von Led Zeppelin einige hundert Dollar bezahlt. (SPIEGEL: 62)

Small Talk

Small Talk. Sicher sind klassische Konversationsthemen: Gemeinsames, Erfreuliches aus aller Welt, Essen und Trinken. (FOCUS: 116)

Der letzte hier genannte Fachbereich, in dem Fachkolorit verstärkt durch Anglizismen erzeugt wird, ist *Mode und Kosmetik* mit unter anderen folgenden Belegen:

Biopeeling

Der Trick: Das Biopeeling entfernt abgestorbene Hautzellen, neue Zellen gelangen an die Oberfläche. (GQ: 158)

Concealer

Der Concealer ‚Vitalumière' von Chanel hat eine angenehm weiche Konsistenz und sieht im Glastiegel schön elegant aus. (BRIGITTE: 71)

Kurz-Trench

Bärbel möchte den puderfarbenen Kurz-Trench romantisch stylen, aber die üppige Rüschenbluse harmonisiert leider nicht mit dem ohnehin schon großen Revers des Mantels. (BRIGITTE: 12)

Street-Uniform

Später adelte die HipHop-Gemeinde den Daunenanorak zur obligatorischen Street-Uniform. (GQ: 54)

Trend-Frisur

Gut so, dann sitzt die Trend-Frisur perfekt. (BRIGITTE: 64)

Volumenlotion

Gut sind Volumenlotions oder –cremes mit Proteinen (Aminosäuren), die sparsam eingesetzt werden, im Haar bleiben und es leicht kämmbar machen. (BRIGITTE: 62)

3.6.1.3 Lokalkolorit

Unter der Bezeichnung *Lokalkolorit* versteht man die Erzeugung und Vermittlung von Assoziationen mit einem bestimmten Raum/Ort. Diese Wirkung nennt Yang „eine der wichtigsten und auffälligsten stilistischen Funktionen der Anglizismen im Deutschen" (Yang: 119). Neu aufgetretene und in die Gastsprache übernommene Anglizismen schaffen eine bestimmte Atmosphäre, indem sie vorerst „nur in englisch-amerikanischen Zusammenhängen verwendet werden" (Yang: 119).

Diese Funktion kann aber, wie beim Wort *smog*, das zunächst nur für den Nebel über „(englischen) Industriestädten" (Duden Fremdwörterbuch 1966, zitiert nach Yang: 119) verwendet wurde und heute auch in deutschem Zusammenhang auftritt, abgeschwächt werden. Nach Carstensen steht *smog* heute nicht mehr nur für den englischen Raum, sondern ganz allgemein für „Dunst oder Nebel mit einer gesundheitsschädlichen Anreicherung von Schadstoffen [...], der sich [...] insbes. über großstädtische oder industrielle Ballungsgebiete legt" (Carstensen: *AWb* Bd.3: 1339). Anglizismen, die allerdings besonders die englisch-amerikanische Kultur verdeutlichen sollen, behalten das Lokalkolorit. Zindler merkt an, dass Anglizismen sich gut dazu eignen, solch ein lokales Kolorit zu erzeugen, denn: „Der Zeichner lässt die Vertreter einzelner Nationalitäten an ihrer Kleidung erkennen. Der Journalist erreicht dasselbe mit Mitteln der Sprache" (Zindler: 22).

Auch im Corpus dieser Studie finden sich Anglizismen, die einen Lokalkolorit erzeugen, indem sie auf einen bestimmten Ort hinweisen.

Beispiele hierzu sind etwa:

College – die Bezeichnung einer amerikanischen Hochschuleinrichtung

Beide Frauen haben Kinder von einem Mann, der blond ist, [...] und College-Abschlüsse in Gesang und Theater besitzt. (FOCUS:80)

Farmer – eine Berufsbezeichnung im englischsprachigen Raum

Tombaugh, ein Farmersohn aus Illinois, der von der Sternwarte in Flagstaff [...] angeheuert worden war, [...]. (SPIEGEL: 155)

Hollywood – steht für die gesamte Filmbranche der USA

Da ihm Hollywood erst nur banale Teeniekomödien anbot, reiste er zurück nach Australien. (GQ: 110)

Scarlett Johansson, 21, erfolgreicher Hollywood-Jungstar [...] gab sich ungewöhnlich offenherzig. (SPIEGEL: 166)

Jazz – eine in den Südstaaten der USA entstandene Musikrichtung

[...] der Jazz interessierte sie als alltägliche Weltanschauung. (SPIEGEL: 124f.)

So ist ‚Jazzlife' zweierlei: eine großartige Reise- und Reportagefotografie sowie eine lebendige Enzyklopädie der wichtigsten Figuren des Jazz. (SPIEGEL: 125)

Die Geschichte von Tony. Der schon morgens Jazzsongs mit dem Radio um die Wette sang. (SPIEGEL: 112)

3.6.2 Sprachliche Ausdruckskraft

Anglizismen bereichern die deutsche Sprache in vielerlei Hinsicht und fördern unter anderem eine größere Variationsmöglichkeit, was den Ausdruck eines Textes betrifft. Viele Anglizismen werden in der Pressesprache von den Autoren ganz bewusst eingesetzt, um einen Text moderner, interessanter, einprägsamer oder anziehender zu gestalten, da die deutschen Entsprechungen oftmals als veraltet oder nicht dem aktuellen Trend entsprechend gelten.

Pfitzner stellt heraus, dass Anglizismen „einen Zuwachs an Beweglichkeit, Gelenkigkeit und Kombinationsfähigkeit der Sprache" (Pfitzner: 121) bedeuten.

Deshalb sollen hier nun die folgenden Möglichkeiten von Anglizismen zur Verstärkung bzw. Veränderung des Ausdrucks mit Beispielen aus dem Corpus dargestellt werden: *Bildhaftigkeit, Auffälligkeit, Wortspiel* und *Ausdrucksvariation.*

3.6.2.1 Bildhaftigkeit

Zur Funktion des Bildes lassen sich verschiedene Punkte nennen. Zum einen dient es durch den unmittelbaren Kontakt zur Verständnisförderung beim Leser oder auch zur Vereinfachung komplexer Sachverhalte. Zum anderen soll es durch seine Ungewöhnlichkeit eine Lebhaftigkeit des Dargestellten bewirken, um somit dann „die Aufmerksamkeit des Lesers zu fesseln" (Pfitzner: 134).

Solche teils verknüpften Wendungen werden aufgrund des hohen Verschleißes immer wieder neu erschaffen und tragen dadurch zur erhöhten Ausdruckskraft eines Textes bei.

Metaphorisch verwendete Anglizismen aus dem Corpus sind beispielsweise:

Cocktail

> *Die RUE hat [...] den Auftrag erhalten, [...] einen Erdgas-Cocktail für die Ukrainer zusammenzurühren. (SPIEGEL: 105)*

Green

> *Anfänger können in der Akademie die komplette Platzreife erwerben, um dann im Sommer auf dem Green sicher zu punkten. (GQ: 12)*

Patchwork

> *Eine neue Generation von Patchwork-Familien entsteht, zusammengestellt aus den Katalogen der Samenbanken (FOCUS: 81)*

> *Aschenputtel leidet unter der Stiefmutter und den Patchwork-Schwestern; [...] (SPIEGEL: 146)*

Der Mensch ist offenbar, so lautet die gute Nachricht für alle Patchwork-Geschwister, auch ohne Blutsbande zu Bruder- und Schwestergefühlen fähig. (SPIEGEL: 153)

Peanuts

Auf dem überhitzten Kunstmarkt sind solche Summen inzwischen Peanuts. (SPIEGEL: 127)

3.6.2.2 Auffälligkeit

Es treten im Deutschen, und besonders in der geschriebenen (Presse-) Sprache, immer häufiger neu gebildete Wörter und Mischkomposita aus teils deutschen und englischen Morphemen (mit und ohne Bindestrich) auf, die vom jeweiligen Autor frei erfunden sind, ohne dass eine feste Regel bestünde.

Pfitzner beschreibt diese modern wirkenden und aus der Alltagssprache hervorstechenden Neologismen so: „Mit den Modewörtern [...] vergleichbar besteht ihr Glanz und somit ihre Anziehungskraft für den Journalisten wie für sein Publikum in ihrer Aktualität.“ (Pfitzner: 122).

Diese Wörter wirken auf den Leser überraschend und durch ihre Auffälligkeit sorgen sie für Abwechslung und Variation im Text.

Einige Beispiele für Anglizismen aus dem Corpus, die eine hohe Auffälligkeit mit sich bringen, sind:

Anarchoclown

Sagen wir mal, ich bin ein kabarettistischer Anarchoclown. (GQ: 109)

Anti-Aging-Peeling-Pflege

Neben den bekannten [...] ist jetzt ein weiteres Wunderprodukt [...] entwickelt worden: die erste Anti-Aging-Peeling-Pflege für den Mann. (GQ: 158)

Babyboomer-Seminar

Kein Bäumeumarmen, Wochenendlager, Babyboomerseminar, [...]. (GQ: 38)

Banker-Dresscode, Werber-Look und *Moderedakteurinnen-Style*

Ob konservativer Banker-Dresscode, schwarzer Werber-Look oder exaltierter Moderedakteurinnen-Style: Schmutzige Treter oder schiefe Absätze sind immer Tabu. (FOCUS: 116)

Call-by-call-Anbieter

[...] und schon bekommt man die Vorwahl für den Call-by-call-Anbieter, der zu diesem Zeitpunkt am günstigsten ist. (BRIGITTE: 157)

Ghetto-Darwinismus-Version

Dafür wird hier die alte amerikanische Mär [...] in eine rüde Ghetto-Darwinismus-Version – [...] – uminszeniert. (SPIEGEL: 125)

Gin-Tonic-Limonen-Wölkchen

Das Gin-Tonic-Limonen-Wölkchen, das vor den Augen des Gastes in flüssigem Stickstoff gefriert? (GQ: 100)

HipHop-Gott

Neben seiner Geschichte ist dabei von Vorteil, dass er [...] von HipHop-Göttern wie Eminem und Dr. Dre protegiert wird. (BRIGITTE: 56)

Landschaftsprint

Jacke aus Sommertweed in Creme, Orange und Braun [...] zum Top mit Landschaftsprint von Cinque [...]. (BRIGITTE: 23)

Society-Pflichtsportart

Wir versuchen uns auch in den Society-Pflichtsportarten Gesellschaftstanz, Tontaubenschießen, Bridge und Angeln. (FOCUS: 124)

Supersparrenn-Dieselmotor

Ganz zu schweigen von dem komplett neu entwickelten Supersparrenn-Dieselmotor. (GQ: 74)

Townhouse / Townhäuser

Sie hat vor sich auf dem Tisch [...] Angebote für Baugrundstücke und Einfamilien-Stadthäuser, die die Makler neudeutsch „Townhouses" oder sogar „Townhäuser" nennen; [...]. (SPIEGEL: 134)

3.6.2.3 Wortspiel

Standop definiert diesen Begriff wie folgt: „Das Wortspiel im engeren Sinne beruht auf dem zufälligen Gleichklang oder der Ähnlichkeit bedeutungsverschiedener Wörter, will man einfache Wiederholungen [...] fernhalten" (Standop: 61).

In den Zeitschriften treten solche Wortspiele besonders bei den Lifestyle-Magazinen in Form von veränderten Redewendungen, Schlagwörtern oder Phrasen, aber auch durch Erzeugung von Rhythmik auf. Dies hat die Funktion, die Aufmerksamkeit der Leser zu erwecken und sowohl modern als auch überraschend und innovativ zu erscheinen.

Oftmals genügt dabei bereits, einen Buchstaben oder ein Präfix zu ändern, um den gewünschten Ton (z.B. satirisch oder komisch) zu erzeugen, denn dem Leser ist der bereits bekannte Slogan noch im Gedächtnis und das Wortspiel wirkt daher zugleich frisch und verfremdend. [34]

Einige Beispiele aus dem Corpus sind:

- *H<u>ai</u>-Society (GQ: 162)* anstatt *H<u>igh</u> Society*
- *Immer an den L<u>a</u>ser denken* (GQ: 32) anstatt, wie anzunehmen *L<u>e</u>ser*
- *Mancipation* (GQ: 4, 40, 194) in Anlehnung an *Emancipation*
- *Samen <u>to go</u>* (FOCUS: 83) anstatt beispielsweise *Coffee <u>to go</u>*
- *Sh<u>oe</u>time* (GQ: 44) anstatt *Sh<u>ow</u>time*
- *Top-Aussehen, Top-Karriere, Top-Leistungen […], Top-Alles (GQ: 23)*

  ➔ Hierbei wird das Präfix *top* als Beschreibung für eine Person steigernd benutzt, bis hin zum alles umfassenden Neologismus *Top-Alles.*

3.6.2.4 Ausdrucksvariation

Vielerlei Anglizismen werden in Zeitschriften als Synonyme für deutsche Entsprechungen genutzt, um ein breiteres Spektrum an Wörtern bereitzustellen, die hinsichtlich der häufigen Wiederholungen mancher Begriffe zur Variation des Ausdruckes beitragen.

In manchen Fällen werden Anglizismen und deren deutsche Synonyme in Texten dabei auch parallel verwendet, „trotz stilistischer und/oder semantischer Nuance (Yang: 127). Yang stellt dazu fest: „In diesem Fall gelten Anglizismen nur als Fast-Synonyme für deutsche sinnverwandte Wörter“ (Yang: 127). Anglizismen bereichern den Wortschatz und somit die Ausdruckskraft eines Textes, denn durch sie

[34] Vgl. Pfitzner: 145.

werden monotone Wiederholungen von Wörtern vermieden und es wird Abwechslung und Variation geschaffen.

Beispiele für Anglizismen, die zur Variation im Ausdruck verwendet werden, sind:

City – anstatt *downtown* verwendet für *Innenstadt / Geschäftsviertel*

Dem feinen Anzug und der Krawatte nach zu schließen, gehört er zu den Angestellten in der City. (SPIEGEL: 107)

Zwar kosten die meisten neuen Häuser und Wohnungen in der City viel Geld, aber die Innenstadtbewohner sparen auch. (SPIEGEL: 135)

Fan – anstatt *Anhänger*

Außerdem planen wir den Aufbau eines eigenen Motorsportkanals und konzentrieren uns auf weitere Sportarten, die [...] viele Fans haben. (FOCUS: 15)

Für die Tüftler unter den Fans! (FOCUS: 128)

Eine schöne Sammlung für Fans und Einsteiger. (BRIGITTE: 57)

Dank deutscher Staatsbürgerschaft kann Rosberg auf Fans aus beiden Ländern hoffen. (GQ: 114)

Job – anstatt *Arbeit (-sstelle)*, bzw. anstatt *Aufgabe*

Für alle über 25-Jährigen, die länger als 18 Monate ohne Job sind, bezahlt der Staat den potentiellen Arbeitgebern einen Zuschuß [...]. (SPIEGEL: 76)

Unser Hauptjob besteht heute in Aktivierung und Integration. (SPIEGEL: 80)

Es ist mein Job, mich darauf zu freuen. (GQ: 90)

Gerade im Job gilt das souveräne Auftreten als karrierefördernde Maßnahme. (FOCUS: 112)

Ich muss in meinem Job oft mit Kunden essen gehen. (BRIGITTE: 136)

Renewables – anstatt *erneuerbare Energiequellen*

Wasserkraft, Windkraft und die anderen ‚Renewables' decken noch immer nur etwa drei Prozent des Verbrauchs in Deutschland.

Team – anstatt *Mannschaft,* bzw. anstatt *Paar*

So ist die Mannschaft des ÖSV der Gegenentwurf zum US-Team. (SPIEGEL: 121)

Shorts plus weiße Hose = ein perfektes Team. (BRIGITTE: 44)

3.6.3 Sprachökonomie

Eine wichtige stilistische Funktion von Anglizismen ist die sprachliche Prägnanz, die Sprachökonomie. Für einen Text bzw. die Darstellung eines Sachverhaltes können Kürze und Prägnanz von großer Bedeutung sein, da sie in Bezug auf den Leser dem „Wunsch auf optimale Wirkung" (Pfitzner: 161) entsprechen.

Hinsichtlich der Kürze eignet sich englisches Wortgut schon allein wegen dessen großen Bestandes an kurzsilbigen Ausdrücken. Vergleicht man, wie auch in der nachfolgenden Tabelle ersichtlich, die deutschen Paraphrasen mit den entsprechenden Anglizismen, wird der Unterschied bezüglich der Länge des Ausdruckes schnell deutlich.

Neben der oftmals vorteilhaften Kürze von Anglizismen ist auch deren Prägnanz besonders hervorzuheben. In vielen Fällen sind diese englischen Ausdrücke treffender und prägnanter als oftmals umständliche deutsche Paraphrasierungen, was für einen Text sprachökonomisch ist.

In der folgenden Tabelle ist ein kleiner Auszug solcher Beispiele aus dem Corpus zu finden sowie deren deutsche Entsprechungen bzw. Paraphrase. Es wurden hierbei ausschließlich Anglizismen aufgeführt, die in mindestens zwei der Zeitschriften vorgefunden wurden und die deutschen Entsprechungen wurden jeweils dem *Duden*[35] entnommen.

[35] Vgl. Duden. *Die deutsche Rechtschreibung.* 22. Auflage. Dudenverlag. Mannheim / Leipzig / Wien /Zürich. 2001.

Tab. 11: Beispiele für Sprachökonomie

Anglizismus	Deutsche Entsprechung / Paraphrase	Zeitschrift(en)
Baby	Säugling, Kleinkind	SPIEGEL, BRIGITTE, GQ
Bar	Kleines (Nacht-) Lokal, Kneipe, Theke	FOCUS, BRIGITTE, GQ
Bestseller	Ware mit besonders hohen Verkaufszahlen	SPIEGEL, FOCUS, BRIGITTE
cool	ruhig, überlegen, kaltschnäuzig; hervorragend	SPIEGEL, BRIGITTE, GQ
CD (compact disc)	Kleine, durch Laserstrahl abtastbare Schallplatte aus Kunststoff	SPIEGEL, FOCUS, BRIGITTE, GQ
Computer	Programmgesteuerte, elektronische Rechenanlage; Rechner	SPIEGEL, FOCUS, BRIGITTE, GQ
Deal	Handel, Geschäft	SPIEGEL, FOCUS, GQ
Fan	Begeisterter Anhänger	SPIEGEL, FOCUS, BRIGITTE, GQ
Interview	Unterredung [von Reportern] mit [führenden] Persönlichkeiten über Tagesfragen usw.; Befragung	SPIEGEL, FOCUS, GQ
Job	[Gelegenheits]arbeit, Stelle	SPIEGEL, FOCUS, BRIGITTE, GQ
Mix	Gemisch, spezielle Mischung	SPIEGEL, FOCUS, BRIGITTE
Teenager	Junge od. Mädchen im Alter zwischen 13 und 19 Jahren	SPIEGEL, FOCUS, GQ

4 Schlusswort und Reflexion

Die vorangegangene Untersuchung hatte das Ziel, Anglizismen in deutschen Zeitschriften vorzufinden, auszuzählen und sie im Anschluss nach verschiedenen Gesichtspunkten einzuordnen. Außerdem wurde analysiert, inwiefern das englische Wortgut in die deutsche Sprache integriert wurde und dessen stilistischen Funktionen wurden dargestellt. Dies war Gegenstand der Studie, um durch die gewonnenen Erkenntnisse die Verwendung von Anglizismen in den vier verschiedenen Zeitschriftentypen zu vergleichen. Die Magazine können auf diverse Weise gegenübergestellt werden.

Eine Möglichkeit liegt darin, sie in zwei Typen einzuteilen, nämlich in Nachrichtenmagazin und Lifestylemagazin. Nimmt man zunächst also diese zwei Klassifizierungen und vergleicht die Ergebnisse, stellt man fest, dass in den Lifestylemagazinen GQ und BRIGITTE Anglizismen in größerem Ausmaß verwendet werden als in den beiden Nachrichtenmagazinen. Zieht man beispielsweise die *tokens* in Betracht, wurden in der GQ 1086, im SPIEGEL jedoch nur 693 gezählt. Dieses Ergebnis deckt sich mit der Erwartungshaltung, da die Lifestylemagazine durch ihre Sprache Modernität und Trendbewusstsein widerspiegeln wollen und dies unter anderem durch die Verwendung von neuartigen Anglizismen erreichen. Der Unterschied zwischen den Lifestyle- und Nachrichtenmagazinen liegt allerdings nicht nur in der Häufigkeit, sondern besonders auch in der Art der Verwendung von Anglizismen. Während das im SPIEGEL und FOCUS verwandte englische Wortgut oftmals so konventionalisiert und in den Text integriert ist, dass es dem Leser nicht als fremdartig ins Auge sticht, werden die Anglizismen in den Lifestylemagazinen fast spielerisch verwendet, um ihre Neuartigkeit bewusst zu unterstreichen.

Eine andere Art und Weise des Vergleichs ist, den SPIEGEL und FOCUS gegenüberzustellen. Da sich diese Nachrichtenmagazine in der behandelten Thematik sehr ähnlich sind, ist es nicht verwunderlich, dass in der gesamten Untersuchung relativ vergleichbare Werte ermittelt wurden. Es bleibt jedoch festzuhalten, dass der FOCUS insgesamt etwas mehr englisches Wortgut als der SPIEGEL verwendet.

Die letzte Möglichkeit, einen relevanten Vergleich anzustellen, ist die Betrachtung in geschlechterspezifischer Hinsicht – die Gegenüberstellung von BRIGITTE und GQ. Wie die Ergebnisse anschaulich zeigen, ist die Verwendung von Anglizismen im Männermagazin weitaus größer. Während zum Beispiel in der GQ 676 unterschiedliche Anglizismen (*types*) gefunden wurden, sind es in der Frauenzeitschrift nur 466. Prägnant ist ebenso, dass die durchschnittliche Verwendungsfrequenz pro Seite in der GQ fast doppelt so hoch ist wie in der BRIGITTE. Eine Ursache für die höhere Anzahl von Anglizismen kann darin liegen, dass in der GQ das Ressort *Technik und Wissenschaft* einen hohen Stellenwert hat und gerade im Bereich *Multimedia* Anglizismen besonders häufig zu finden sind.

Wie anhand der vorangegangenen Vergleiche deutlich wird, bestehen zwischen den vier Zeitschriften DER SPIEGEL, FOCUS, BRIGITTE und GQ Unterschiede hinsichtlich Vorfindlichkeit und Verwendung von Anglizismen.
Es bleibt jedoch festzustellen, dass in allen Magazinen insgesamt recht häufig, und zwar durchschnittlich auf 82,1% der untersuchten Seiten, englisches Wortgut gefunden wurde.

Zusammenfassend kann gesagt werden, dass die deutsche Sprache durch die Verwendung von Anglizismen an Ausdruckskraft, Abwechslungsreichtum und Stilmöglichkeit gewinnt und dadurch bereichert wird.

Verzeichnis der Abbildung/Tabellen/Abkürzungen

Abkürzungen:

Abb.	Abbildung
Bd.	Band
bzw.	beziehungsweise
dt.	deutsch
engl.	englisch
f	folgende Seite
ff	folgende Seiten
od.	oder
Tab.	Tabelle
verk.	verkauft
vgl.	vergleiche
z.B.	zum Beispiel

I. Quellen

Zeitschriften

DER SPIEGEL	Nr. 2 // 09.01.2006
FOCUS	Nr. 2 // 09.01.2006
BRIGITTE	Nr. 2 // 04.01.2006
GQ	Heft Januar 2006

II. Nachschlagewerke

Bantel, Otto / Schaefer, Dieter: *Grundbegriffe der Literatur.* 15. Auflage. Cornelsen, Berlin. 1993.

Bußmann, Hadumod: *Lexikon der Sprachwissenschaft.* Stuttgart, 1990.

Carstensen, Broder: *Anglizismus-Wörterbuch. Der Einfluß des Englischen auf den deutschen Wortschatz nach 1945,* fortgeführt von Ulrich Busse. Berlin/New York, Bd.1 1993, Bd.2 1994, Bd.3 2001.

Duden. *Die Grammatik.* 6. Auflage. Dudenverlag. Mannheim / Leipzig / Wien / Zürich. 1998.

Duden. *Die deutsche Rechtschreibung.* 22. Auflage. Dudenverlag. Mannheim / Leipzig / Wien / Zürich. 2001.

Dtv-Atlas *Englische Sprache.* 1. Auflage. Deutscher Taschenbuch Verlag Gmbh & Co. KG, München. Februar 2002.

Dtv-Atlas *Deutsche Sprache.* 12. Auflage. Deutscher Taschenbuch Verlag Gmbh & Co. KG, München. Oktober 1998.

Linke, Angelika / Nussbaumer, Markus / Portmann, Paul R.: *Studienbuch Linguistik.* Reihe Germanistische Linguistik. 4. unveränderte Auflage. Niemayer, Tübingen. 2001.

III. Abhandlungen

Busse, Ulrich: *Anglizismen im Duden. Eine Untersuchung zur Darstellung englischen Wortguts in den Ausgaben des Rechtschreibdudens von 1880-1986.* Niemayer , Tübingen. 1993.

Carstensen, Broder: *Amerikanismen der deutschen Gegenwartssprache. Entlehnungsvorgänge und ihre stilistischen Aspekte.* Carl Winter, Heidelberg. 1967.

Carstensen, Broder: *Das Genus englischer Fremd- und Lehnwörter im Deutschen.* In: Wolfgang Viereck, Hrsg., *Studien zum Einfluß der Englischen Sprache auf das Deutsche.* Gunter Narr Verlag, Tübingen. 1980. 37-76.

Carstensen, Broder: *Englische Einflüsse auf die deutsche Sprache nach 1945.* Beiheft zum Jahrbuch für Amerikastudien 13. Carl Winter, Heidelberg. 1965.

Carstensen, Broder: *Semantische Scheinentlehnungen des Deutschen aus dem Englischen.* In: Wolfgang Viereck, Hrsg., *Studien zum Einfluß der Englischen Sprache auf das Deutsche.* Tübingen. 1980. 77-100.

Carstensen, Broder: *Spiegel-Wörter, Spiegel-Worte.* Zur Sprache eines deutschen Nachrichtenmagazins. München. 1971.

Drews, Jörg: *Auf dem Weg zum Denglitsch. Wieviel Angloamerikanisch verträgt die deutsche Sprache?* In: Christian Meier, Hrsg., *Sprache in Not? Zur Lage des heutigen Deutsch.* 1.Auflage. Wallstein, Göttingen. 1999. 15-31.

Engels, Barbara: *Gebrauchsanstieg der lexikalischen und semantischen Amerikanismen in zwei Jahrgängen der „Welt" (1954 und 1964): Eine vergleichende computerlinguistische Studie zur quantitativen Entwicklung amerikanischer Einflüsse auf die deutsche Zeitungssprache.* Mainzer Studien zur Amerikanistik 6. Frankfurt a.M./Bern. 1976.

Fink, Hermann (unter Mitarbeit von D. Schons, B. Nolte und M. Schäfer): *Amerikanisierung in der deutschen Wirtschaft: Sprache, Handel, Güter und Dienstleistungen.* Europäische Hochschulschriften Reihe XIV, Angelsächsische Sprache und Literatur, Bd. 299. Peter Lang, Frankfurt a.M./Berlin/Bern/New York/Paris/Wien. 1995.

Fink, Hermann: *Amerikanismen im Wortschatz der deutschen Tagespresse, dargestellt am Beispiel dreier überregionaler Zeitungen (Süddeutsche Zeitung, Frankfurter Allgemeine Zeitung, Die Welt).* Diss. Mainz. Teilabdruck unter demselben Titel als Mainzer Amerikanische Beiträge 11. München. 1968.

Fink, Hermann: *‚Superhit' oder ‚Spitzenschlager': Ein Versuch zur Häufigkeit und Funktion von Anglizismen und „Werbeanglizismen" in deutschen Jugendzeitschriften.* In: Wolfgang Viereck, Hrsg., *Studien zum Einfluß der Englischen Sprache auf das Deutsche.* Tübingen. 1980. 185-212.

Fink, Hermann: *Von „Kuh-Look" bis „Fit for fun": Anglizismen in der heutigen deutschen Allgemein- und Werbesprache.* 1997.

Galinsky, Hans: *American English Post-1960 Neologisms in Contemporary German: Reception-Lag Variables as a Neglected Aspect of Linguistic Interference.* In: Wolfgang Viereck, Hrsg., *Studien zum Einfluß der Englischen Sprache auf das Deutsche.* Tübingen, 1980. 213-236.

Galinsky, Hans: *„Stilistic Aspects of Linguistic Borrowing – A Stilistic and Comparative View of American Elements in Modern German and British English".* In: Jahrbuch für Amerikastudien Bd. 8. Heidelberg. 1963. 98-135.

Hoberg, Rudolf: *English rules the World. Was wird aus Deutsch?* In: Duden, Thema Deutsch Bd. 3: Deutsch – Englisch – Europäisch. Impulse für eine neue Sprachpolitik. Hrsg. von Matthias Wermke, Dudenredaktion... Dudenverlag, Mannheim / Leipzig / Wien / Zürich. 2002. 171-183.

Illgner, Gerhard: *Die deutsche Sprachverwirrung. Lächerlich und ärgerlich: Das neue Kauderwelsch.* 3. Auflage. Paderborn. 2003.

Pfitzner, Jürgen: *Der Anglizismus im Deutschen. Ein Beitrag zur Bestimmung seiner stilistischen Funktion in der heutigen Presse.* 1. Auflage. Amerikastudien 51. Metzler, Stuttgart. 1978.

Polenz, Peter von: *Geschichte der deutschen Sprache.* 9. überarbeitete Auflage. De Gruyter, Berlin.1978.

Schmitt, Peter A.: *Anglizismen in den Fachsprachen. Eine pragmatische Studie am Beispiel der Kerntechnik.* Carl Winter Universitätsverlag, Heidelberg. 1985.

Spitzmüller, Jürgen: *Selbstfindung durch Ausgrenzung. Eine kritische Analyse des gegenwärtigen Diskurses zu angloamerikanischen Entlehnungen.* In: Duden, Thema Deutsch Bd. 3: Deutsch – Englisch – Europäisch. Impulse für eine neue Sprachpolitik. Hrsg. von Matthias Wermke, Dudenredaktion... Dudenverlag, Mannheim / Leipzig / Wien / Zürich. 2002. 247-265.

Standop, Ewald: *Stilistik, Textlinguistik und Metrik.* Kapitel 3. In: Ein anglistischer Grundkurs: Einführung in die Literaturwissenschaft / in Zusammenarbeit mit Ulrich Broich. Hrsg. von Bernhard Fabian. 7. völlig neu bearb. Aufl. Ernst Schmidt, Berlin. 1993. 50-80.

Viereck, Karin: *Englisches Wortgut, seine Häufigkeit und Integration in der österreichischen und bundesdeutschen Pressesprache.* Bamberger Beiträge zur Englischen Sprachwissenschaft, Bd. 8. Frankfurt a.M./Bern/Cirencester. 1980.

Viereck, Wolfgang: *Zur Thematik und Problematik von Anglizismen im Deutschen.* In: Wolfgang Viereck, Hrsg., *Studien zum Einfluß der Englischen Sprache auf das Deutsche.* Tübingen. 1980. 9-24.

Viereck, Wolfgang: *Empirische Untersuchungen insbesondere zum Verständnis und Gebrauch von Anglizismen im Deutschen.* In: Wolfgang Viereck, Hrsg., *Studien zum Einfluß der Englischen Sprache auf das Deutsche.* Tübingen. 1980. 237-322.

Yang, Wenliang: *Anglizismen im Deutschen. Am Beispiel des Nachrichtenmagazines DER SPIEGEL.* Niemayer (= Reihe Germanistische Linguistik 106).Tübingen. 1990.

Zindler, Horst: *Anglizismen in der deutschen Presse nach 1945.* Diss. Universität Kiel. 1959.

IV. Hinweise zu den Hyperlinks

Alle angegebenen Website-Verweise beziehen sich auf das Jahr, in dem diese Studie geschrieben wurde. Sie wurden im Juli 2006 zuletzt geöffnet.

Der folgende Wortindex beinhaltet eine Zusammenstellung der Anglizismen aus dem Corpus. Die einzelnen Zeitschriften wurden hierbei getrennt behandelt.
Die Substantive kommen jeweils im Nominativ Singular vor – Ausnahmen sind Pluralwörter. Die Verben wurden im Infinitiv aufgelistet. Des Weiteren wurden die Fundstellen und die Frequenz angegeben.

Anglizismus	Seitenzahl(en)	Frequenz insgesamt
40-Stunden-Job	75	1
Abfahrts-Weltcupsieger	120	1
Actionfilm	139	1
Airbag	139	5
Airbagdesign	139	1
Alternativ-Countryband	164	1
Aluboxen	60	1
Anti-Spam-Richtlinie	58	1
Apartment	121, 128, 136, 166	6
Apollo-Astronaut	154	1
Armee-Shirt	45	1
Atomkraft	34	1
Außenseiter	147	1
austrainieren	116	1
Austria-Star	121	1
Baby	62, 143, 150	4
Babysitterin	66	1
Babywindel	143	1
Band	121	1
Banker	105	1
Banksafe	137	1
Bargast	137	1
Baseballkappe	121	1
Besichtigungstour	91	1
Bestseller	132	1
Billig-Airline	17	1
Billig-Job	74, 75, 76, 80	4
Blow Job	136	1
Bluff	72	1
bluffen	38	1
Blu-ray-Disc	139	1
Blu-ray-Format	139	1
Bodybuilder	20	1
Bodybuilder-Verband	20	1
Bodyguard	156	1
Bomberpilot	84	1
Boom	45, 126, 129	4
boomen	53	1
Bordcrew	58	1
Branding	92	1

Anglizismus	Seitenzahl(en)	Frequenz insgesamt
Buchcover	124	1
bulldog spirit	167	1
Bulldozer	100	1
Bush-Administration	101	1
Business	60	1
Campaigning	83	1
Camper	120, 166	2
Campingplatz	166	2
Car Clinic	81	1
Casecon	158	1
Casecon-Meister	158	1
Caseconner	158	1
Case Construction	158	1
Casemodder	158	3
Casemodding	158	2
Cash-Cow	105	1
Casting	84	2
CD	158	1
CD-Box	124	1
CD-Hülle	45	1
Champion	158	1
Chat	110	1
City	107, 112, 134, 135	4
Club	124, 128	2
Clubhaus	41	1
C-Mix	66	1
Co-Autor	156, 157	5
Cockpit	118	1
Cocktailkleid	66	1
Code	61	1
College	63	1
Comeback	100	1
Comedy-Stück	132	1
Comic-Held	83	1
Comic-Zeichnerin	84	1
Computer	158	6
Computerbastler	158	1
Computerdesigner	134	1
Computerfirma	158	1
Computerfortbildungskurs	89	1
Computerhändler	71	1
Computersimulation	139	1

Anglizismus	Seitenzahl(en)	Frequenz insgesamt
Computerspiel	158	1
Computersystem	108	1
Container	60, 61, 62, 63, 64, 66, 111	9
Containerterminal	63	1
containerweise	62	1
Controler	81	1
cool	126	2
Country-Sängerin	149	1
Crash	129	1
Dartspieler	157	1
Daten	118, 156, 157	3
Dauercamper	166	1
DEAG-Boss	91	1
Deal	62, 73, 105	3
Design	81	1
Designmodell	81	1
Developer-Kit	71	1
digital	18, 135	2
Dinner	112	1
Dining Room	128	1
Discount-Milliardär	145	1
Doping	20, 120	3
Dopingmittel	20	1
Doping-Sportart	20	1
Down Under	73	1
Drink	58, 133	2
Droge	20	1
Dumpinglohn	30	1
durchboxen	147	1
Economy-Class	66	1
EDV-Kaufmann	41	1
Ein-Euro-Job	79	2
Ein-Euro-Jobber	79, 89	2
Einfach-Job	76	1
E-Mail	58	1
Emotional Design	135	1
Energiegipfel	38	1
Energiemanager	34	1
Energiemix	34	1
Erdgas-Cocktail	105	1
Exekutive Assistent	20	1
Expertengruppe	20	1

Anglizismus	Seitenzahl(en)	Frequenz insgesamt
Explorateur	37	1
Exploration	38	1
Extra-Wachstum	17	1
Fabrication	157	1
FFPs	157	1
fair	42	1
Fake-Waffe	45	1
Fallmanager	89	1
Falsification	157	1
Fan	101, 121	2
Fan-Fest	91, 92	3
Fan-T-Shirt	62	1
Farm	99	1
Farmersohn	155	2
fatal	89	1
Feierabendtrainer	120	1
Fernsehcouch	40	1
Ferrari-Team	118	1
Fifa-Marketing	92	1
Fifa-Marketing-Chef	91	1
Fifa-Partner	90	1
Fifa-Sponsor	90, 91	3
Film	84, 133, 139, 166	6
Film-DVD	139	1
Film-Produktion	97	1
Finanz-Experte	110	1
fit	116	1
Fitness	117	1
Fitness-Verband	20	1
Fitness-Studio	116	1
Fitness-Training	166	1
Folklore	124	1
Football-Match	101	1
Formel-1-Team	164	1
Freak	158	1
Freedom of Information Act	83	1
Frontscheibe	160	1
Fußballclub	118	1
Fußball-Team	110	1
Gangsta Rapper	125	1
Gas-Joint-Venture	106	1
Gas-Manager	104, 105	2

Anglizismus	Seitenzahl(en)	Frequenz insgesamt
Gaspipeline	35	2
Gate	63	1
Geldwäsche	105	1
Gerichtsshow	84	2
Gesamtweltcup	121	1
Ghetto-Darwinismus-Version	125	1
Glamour	127	1
Glamourgirl	166	1
glamourös	126	1
Global Village	112	1
Go West	164	1
GPS-Einheit	92	1
Grafik-Designer	135	1
Halloween-Party	136, 137	2
Handy	43	1
Happy End	53	1
Hardliner	97, 98, 99, 100	5
Haudrauf-Videoclip	125	1
Hauptjob	80	1
HD-DVD	139	1
Hedge-Fond	128	1
Hertha-Fanshop	90	1
Hideaway	163	1
Highend-Gerät	158	1
Hightech-Groteske	160	1
HipHop-Star	125	1
Hitliste	156	1
Hobbybastler	158	2
hochpushen	30	1
Hollywood-Boss	128	1
Hollywood-Jungstar	166	1
Hotellobby	120	1
Image	20, 95	2
Infrarotlaser	140	1
Infratest	106	1
Insider	72, 73, 130	3
Insider-Kreis	97	1
Instant-Geschwister	152	2
Internet	19, 58, 110	3
Internet-Experte	58	1
Internet-Konzern	90	1
Internet-Nutzer	58	1

Anglizismus	Seitenzahl(en)	Frequenz insgesamt
interplanetar	155	1
Interview	37, 144, 149, 153, 166	6
Investment	105	1
Investment-Banker	73	1
Investment-Firma	112	1
Jazz	124, 125	4
Jazzbuch	124	1
Jazzsong	112	1
Jeans	60, 107, 136	3
Jeansballen	66	1
Jeep	110	1
Jet-Set-Shopping	128	1
Job	17, 74, 75, 76, 78, 96, 111, 117	
	163, 164	10
Jobcenter	79	1
Job-Center	75	1
Job-Rotation	79	1
Jobsuchender	80, 89	2
Jungstar	129	1
Kein Kommentar	105	1
Kellerbar	22	1
Kicker	167	1
Kinderfilm	149	1
Kleiderbox	61	1
Klonbetrug	156	1
Klon	157	1
klonen	156	1
Klon-Fälscher	156	1
Kondomautomat	159	1
kontrollieren	157, 158	2
Konzernmanager	145, 160	2
Krisenszenario	34	1
Kuiper-Belt	155	1
Kuiper Belt Object (KBO)	155	1
Ladies Cotton Blouse (LCB)	62	1
Lastminute	41	1
Leasing-Ableger	72	1
Lieferstopp	106	1
live	120	1
LNG (Liquified Natural Gas)	35	1
Logo	90	1
Luxuslabel	72	1

Anglizismus	Seitenzahl(en)	Frequenz insgesamt
Luxus-Liner	120	1
Management	160	1
Managementregel	81	1
Manager	37, 81	2
Matchbox-Auto	152	1
Mediterranean-Container	63	1
Meeting	117, 118	2
Men`s T-Shirt (MTS)	61	1
Military-Look	45	1
Mini-Bush	101	1
Minijob	78, 79	4
mission impossible	110	1
Mix	38, 130	2
Mod-Chip-Hersteller	71	1
Modder-Meister	158	1
Modedesignerin	124	1
Model	167	3
Modelagentur	167	1
Multi-Media-Center	71	1
Nachmittags-Soap	84	1
Nachwuchs-Terminator	45	1
Nebenjobber	75	1
Netzwerk	83	1
New Deal	76	1
New Wave Band	123	1
Nordic Cruising	71	4
Nordic Walking	71	1
Nummer eins	19	1
Öl-Boom	101	1
Okay	81	1
okay	112	1
online	164	5
Online-Shop	45	1
Online-Zugang	18	1
Ostsee-Pipeline	35, 36, 37	3
Output	157	1
Pampers	61	1
Papier	24, 78	3
Partner	90, 91	2
Party	107, 128, 137	3
Patchwork	147	1
Patchwork-Familie	144, 146, 148, 150, 152	6

Anglizismus	Seitenzahl(en)	Frequenz insgesamt
Patchwork-Geschwister	153	1
Patchwork-Schwester	146	1
PC-Fan	158	1
PC-Gehäuse	158	2
PC-Verschönerer	158	1
Peanuts	127	1
Performance	127, 128	2
Personal-Service-Agentur	78	1
piercen	84	1
Pipeline	35, 36, 37, 106	9
Pipeline-Gas	36	2
Pisa-Test	20	1
Plagiarism	157	1
Planetenstatus	155	1
Plastikflasche	111	1
Plastikschild	112	1
Plattencover	124	1
Pluto-Fan	155	2
pokern	130	1
Polit-Thriller	125	1
Pool	136	1
Pooper Scooper	140	1
Pop	121	1
Popcorn	101	2
Popliterat	136	2
Popsängerin	120	1
Popsong	124	1
PR-Berater	99	1
PR-Kampagne	83	1
Privatjet	128	1
Produkt	107	1
Produzentenlobby	72	1
Promotion-Termin	166	1
Protest-Mail	155	1
PR-Termin	110	1
Pub	112	1
Qualifying	118	1
Rap	107	1
Rapper	112	1
Rap-Star	125	1
Reaktorsicherheit	17	1
Rechteschutz-Team	92	1

Anglizismus	Seitenzahl(en)	Frequenz insgesamt
Recycling	62	1
reformgestresst	23	1
Regierungs-PR	20	1
Reifentest	118	1
Renewables	37	1
Reporter	67, 136	3
Revolver	166	1
Rock	107	1
Rockband	120	1
Run	134	1
Safe	166	1
Sandwich	144	1
Satelliten-TV-Sender	110	1
Schokopudding	144	1
Sensor	118	1
Servicepersonal	121	1
Set	84	1
sexy	166	1
Short Sleeves (SS)	61	1
Show	90, 137, 158	3
Show-Case	158	1
Shuttle	92	1
Shuttle-Service	92	1
Single	76	2
Slapstick	106	1
Slogan	92, 134	2
smart	105	1
Softair-Gewehr	45	2
Softair-Knarre	45	1
Softair-Pistole	45	2
Softair-Waffe	45	3
Sonderstatus	155	1
Song	123	1
Soundtrack-CD	125	1
Souvenirshop	83	1
Spam	58	1
Spam-Mail	58	1
Spam-Opfer	58	1
Spam-Richtlinie	58	1
Sparringspartner	60, 145	3
SPD-Homepage	39	1
Speed-Spezialist	121	1

Anglizismus	Seitenzahl(en)	Frequenz insgesamt
Special	163	1
Special Sea Lion Task Force	140	1
Servicezentrum	164	1
SPIEGEL-ONLINE-Report	164	1
Spielfilm	139	1
Split Level	135	1
Sponsor	90, 120	2
Sponsorenhinweis	90	1
Sponsoring-Einschränkungen	91	1
Sponsoring-Vorschriften	92	1
Spotmärkte	34	1
sprinten	110	1
Stadionsponsor	91	1
Star	83, 120, 121,130, 149, 156	6
Starauktionator	126	1
Starbus	120	2
Stargast	110	1
Starstatus	145	1
Start	23, 154	2
Status	108	1
Statusfrage	110	1
Statussymbol	128	1
Story	130, 133	2
Straßendealer	125	1
Straßenparty	125	1
Stress	118, 152	2
Stress-Hypothese	152	1
Suburb	136	1
Super-G	121	1
Super-GAU	156	1
Super-Giant-Felder	35	1
Supermacht	120	1
Supermarkt	111	1
Superreiche	126, 128	2
Superstar	156	1
Szenario	80	1
Szene	48, 84, 123, 124, 133, 137, 146 158, 166	10
Szenerie	135	1
Take-out-Schachtel	136	1
Tax Credit	76	1
Team	45, 117, 118, 139, 145, 157	8

Anglizismus	Seitenzahl(en)	Frequenz insgesamt
Teamarbeit	20, 157	3
Teamchef	118	1
Teamkollege	118, 120	2
Teamkluft	120	1
Teenager	164	1
Terminal	36	1
Test	20, 139, 156	3
Testarbeit	118	1
testen	23	1
Tester	81	1
Testfahrt	118	1
Textilrecycling	60	1
Thriller	89	1
Ticket	41, 91	2
Ticketkontingent	90	1
Top-Leute	158	1
Top-Partner	92	1
Top-Sponsor	92	1
Top-Team	118	1
Townhäuser	134	1
Townhouse	134	1
trainieren	116	1
Training	39	1
Trainingshose	136, 137	2
Trainingslager	145	2
Trainingslehre	121	1
Trainingsort	121	1
Trend	71, 80, 83	3
Trick	157	1
trickreich	101	1
tricksen	38	1
T-Shirt	60, 63, 128, 136	5
TV-Beirat	83	1
TV-Dokumentation	95	1
TV-Himmel	89	1
TV-Kammerspiel	89	1
TV-Plan	164	1
TV-Rabauke	84	1
TV-Rückblick	89	1
TV-Sender	83, 97	2
TV-Unterhaltung	89	1
TV-Vorschau	89	1

Anglizismus	Seitenzahl(en)	Frequenz insgesamt
Underdog	121	1
Understatement	158	1
Urbanist	135	1
Urbanistik	134	2
US-Boys	120	1
US-Serienstar	164	1
US-Skiteam	120	1
US-Stars	121	1
US-Team	120, 121	2
Verfilmung	137	1
Verkaufsstart	160	1
Videoladen	112	1
votieren	24	1
Website	110, 116	2
Welcome	22	1
Well Off Old People	134	1
Weltcup	121	1
Weltcup-Mission	121	1
Weltcup-Nationenwertung	120	1
Weltcup-Pisten	121	1
Weltcupsaison	120	1
Weltcup-Saison	121	1
Werbe-E-Mail	58	1
Werbetour	43	1
Whistle-Blower	157	1
Whoopies	134	1
Wohlfühl-Papier	24	1
Wohnmobil	120, 121	2
zappen	40	1
ZDF-Soap-Blondine	84	1
ZDF-Soap-Jule	84	1
ZDF-Team	149	1

Anglizismus	Seitenzahl(en)	Frequenz insgesamt
1-Euro-Job	42	1
„A Bigger Bang"-Tour	138	1
Abschlußgag	53	1
Ärzteteam	138	1
Airline	154	3
Airline-Geschäft	154	1
Airport	146, 147, 148, 149, 160	11
Airport-Deutsch	147	1
Anbautest	70	1
Anladeterminal	28	1
Apartment	99, 100, 102	3
Art-Car	74	1
Atomausstieg	27	2
Atomkraft	28	1
Atomkraftwerk	27	1
Atommeiler	24, 27	2
Atomstrom	27	1
Audi-Boss	160	1
Babyfoto	94	1
Babysitter	96	1
Bad News	15	1
Band	138	1
Banker-Dresscode	114	1
Banner	16	1
Bar	114	1
Baseballkappe	118	1
Basketball-Liga	16	1
Beat	134, 135	2
Beauty-Salon	148	1
Belichtungsservice	95, 96	3
Beschäftigungsboom	42	1
Best-Seller	86	1
Bestseller	16, 174	5
Bezahlsender	13	1
Big Three	84	1
Billig-Airline	148	1
Blaublut-Szene	111	1
Blu-Ray-Konkurrenz	97	1
BMW-Art-Car	74	1
boomen	147	1

Anglizismus	Seitenzahl(en)	Frequenz insgesamt
Börsenticker	158	1
Boss	102, 160	2
boxen	141	1
Bridge	124	1
Brutaloszene	46	1
Bulldozer	168, 170	2
Bundesliga-Live-Recht	15	1
Bundesliga-Live-Spiel	142	1
Bundesliga-TV-Recht	15	1
Business	114	1
Business-Lunch	114	1
Business-Meeting	114	1
Business-Outfit	147	1
Butler	124	2
Cargo-Box	85	1
carven	97	1
Cash	124	1
CD	74, 95, 97	3
Center	96	1
Chart	148	1
Chart-Radio	135	1
Chat-Room	100, 103	2
Check	33	1
Check-In	148	2
Chip-Produktion	158	1
Cine-Poem	71	1
City-Quickie	154	1
clever	148	1
Clown	76	1
Club-Dienst	96	1
[...] & Co.	52, 138	2
Coach	97	1
Cockpit	154	1
Code	114, 120	2
College-Abschluß	80	1
Comeback	135	1
Computer	53, 114, 124	3
Computerbranche	172	1
Computernutzer	16	1
Computerspiel	136	1
Consultingfirma	148	1
Container	136	1

Anglizismus	Seitenzahl(en)	Frequenz insgesamt
Container-Umschlag	150	1
Cursor	136	1
Daten	156	3
Datenbank	95	1
Datenoffensive	156	1
Datenschau	156	1
Deal	150	1
dealen	165	1
designen	85	1
Designerin	138	1
Designzentrum	85	1
Deutschland-Tour	138	1
Dia-Show	94	1
digital	94, 96	3
Digitalkamera	94, 95, 96	4
Digitalkamerabesitzer	96	1
Dinner	114	1
Dinner-Einladung	124	1
Dixieland-Festival	148	1
Download	97	1
Download-Manager	97	1
Drink	114	1
Dresscode	112, 124	2
DSL	96	1
DVD	74, 97	3
DVD-Rechte	74	1
Ego-Coach	97	1
Einkaufsservice	147	1
Eishockey-Club	32	1
Eishockeyspieler	30	1
Eishockey-Training	31	1
Elektropop	76	1
E-Mail	32, 95, 96, 120	6
Energiegipfel	27	2
Energie-Mix	22, 24, 28	3
Entertainer	135	1
Entertainment	134	1
E.on-Boss	28	1
Erfolgslogo	14	1
Essay	65, 67	8
Essayist	65, 66	4
EU-Gipfel	24	1

Anglizismus	Seitenzahl(en)	Frequenz insgesamt
Eurofighter	126	1
Export-Boom	15	1
Extras	13	1
Fan	15, 46, 47, 126, 127, 128, 135, 138, 141	11
Fashion-Ereignis	138	1
Fashion-Schiene	134	1
Festival	60	1
Film	16, 60, 70, 71, 97	7
Filmgenuß	60	1
Filmspecial	13	1
Filmstudio	16	1
Fitness	88	1
Flagship-Store	138	1
Flickr-Community	95	1
Flirt	114	1
Flirtspruch	114	1
Flirtstopp	114	1
Flughafenmanager	147	1
Flughafen-Shop	148	1
Flugticket	148	1
Flyfishing	124	1
Focus-Interview	170	1
Football	13	2
Formelfreak	128	1
Fotoblog	96	1
Fotocenter	95	1
Fotofan	94	1
Fotohandy	18	1
Fotomail	96	1
Foto-Sharing	94	1
Frauenboxen	176	1
Freizeitkicker	94	1
Freizeitpark	149	1
Fußballclub	94	1
Fußballfan	60, 126, 128	3
Fußball-TV	143	1
Gameboy	118	1
Gangsta	71	1
Gasmanager	26	1
Gaspipeline	23	1
Gasprom-Boss	25	1

Anglizismus	Seitenzahl(en)	Frequenz insgesamt
Gefahrenszenario	47	1
Gentleman	124	2
Gentlemen-Trainerin	124	1
German Town	99, 103	3
Geschäftsmeeting	124	1
Gesellschaftskiller	118	1
Ghetto	65, 67, 71	3
Ghetto-Allüren	134	1
Ghetto-Gang-Existenz	71	1
global	25	1
Good News	15	1
Handy	96, 97, 120	4
handyfrei	120	1
Handy-Geschäft	159	1
Hardliner	170	1
HD-DVD	97	1
HD-DVD-Lager	97	1
HD-DVD-Player	97	1
Hennes-&-Mauritz-Store	138	1
Henry-Mankell-Thriller	97	1
Hertha-Trainer	128	1
High-Tech-Arena	126	1
hip	60, 135	2
HipHop-lastig	134	1
Hit	134, 135	3
Hit-Garantie	134	1
Hobby	81	1
Hobbyfotograf	94, 95, 96	3
Hollywood-Film	130	
Hollywood-Star	53	1
Homepage	13, 94, 95, 96	5
Homepage-Bastler	94	1
Hooligan	46, 47	5
Hosting	96	1
Hunde-Shop	16	1
Image	164	1
Imageberaterin	124	1
Image-Make-over	124	1
Indoor-Windsurfen	76	1
Innovationshit	97	1
Internet	16, 60, 80, 81, 83, 86, 93, 94, 96 100, 167	14

Anglizismus	Seitenzahl(en)	Frequenz insgesamt
Internet-affin	96	1
Internet-Firma	83	1
Internet-Forum	102	1
Internet-Gigant	95	1
Internet-Provider	94, 95, 96	5
Internet-User	13	1
Interview	15, 16, 26, 28, 40, 64, 71, 86, 122	
	140, 143, 154, 166, 167, 170	15
Investment	136	1
Jazz	76	1
Job	15, 35, 36, 37, 38, 112, 143, 160	14
Jobeffekt	38	1
Jobhoffnung	15	1
Jobmisere	34, 42	2
Jobsuchender	38	1
Jobverlust	38, 160	3
Jobvermittlungsagentur	102	1
Jobwelt	114	1
Joker	35	1
Kanal	15	1
Kalter Krieg	22	1
Kick-back-Zahlung	52	1
kicken	47	1
Kicker	13	1
Kickerbuch	128	1
Kicker-Web-Seite	94	1
Kicker-Weisheiten	128	1
Kids	118	1
Kino-Hitliste	174	1
Kinotrip	70	1
Knigge-Profi	114	1
Kollegenstatement	71	1
Kombilohnjob	42	1
Konsum-Boom	38	1
kontrollieren	25	2
Kultband	76	1
leasen	154	1
Lieferstopp	26	1
Lifestyle	148	1
Lifestyle-Nachahmung	88	1
Lip-Balm	135	1
Liquified Natural Gas (LNG)	28	1

Anglizismus	Seitenzahl(en)	Frequenz insgesamt
Literatur-Tipp	174	1
live	47	1
Live-Rekord	138	1
Live-Spiel	140	1
Lobbyist	164, 165, 166, 167	8
Logo	14, 141	2
Lohn-Dumping	36	1
LTU-Jet	154	1
made in	98	1
Mail	97	1
Make-up-Korrektur	114	1
Management	95, 160	2
Manager	37	1
managen	147	1
Massageservice	148	1
Masterband	74	1
Media-Box	143	1
Medienholding	25	1
Medienszene	87	1
Meeting-Namen	114	1
Megaunternehmen	25	1
Midijob	42	1
Midterm-Election	167	1
Milram-Team	97	1
Minijob	42	1
Minirock	120	1
Mix	24, 26, 71, 95, 136	5
Moderedakteurinnen-Style	116	1
Motorfans	84	1
Motorsportkanal	15	1
Mountain-Bike-Firma	135	1
MP3-Sammlung	95	1
MP3-Player	97, 136	2
Multiplex-Kino	60	1
Musical	148	1
Musik-Videos	16	1
Nachwuchsmanager	112	1
Nationalteam	126	1
Newcomer	84, 169	2
Newcomer-Band	94	1
NIH-Team	138	1
No-Name	56	1

Anglizismus	Seitenzahl(en)	Frequenz insgesamt
Non-Aviation	147, 149	3
Non-Aviation-Bereich	149	1
Non-Aviation-Erfolg	148	1
Non-Aviation-Managerin	148	1
Non-Aviation-Unternehmen	148	1
NRW-Eventszene	57	1
Öl-Lieferstopp	25	1
One-Night-Stand	118	1
Online-Album	94, 95, 96	5
Online-Bilderalbum	94	1
Online-Datenbank	80	1
Online-Videothek	16	1
Online-Werbeaktion	13	1
Ostsee-Pipeline	23, 25, 26	3
Outfit	112	1
Papier	158	1
Park	149	2
Parkservice	147	1
Partner	25, 58, 143, 149, 158, 159	8
Partnerin	118	1
Party	114	1
Partybild	94	1
Partylöwe	57	1
Party-Time	114	1
Patch	16	1
Patchwork-Familie	81	1
Pay-TV	143	2
Pay-TV-Rechte	143	1
Pay-TV-Sender	15	1
PC	97	1
Penthouse	100, 102	2
Phishing-Betrüger	16	1
Phishing-Gefahr	16	1
Pipeline	24, 28	2
Pipeline-Netz	25	1
Pixel	95	1
Plattform	16, 87	2
Player	97	1
pokern	5	1
Politthriller	70	1
Politthriller-Spezialist	70	1
Pop-Art-Künstler	76	1

Anglizismus	Seitenzahl(en)	Frequenz insgesamt
Pop-Art-Renner	74	1
Popdiva	111	1
Pop-Kultur	134	1
Popkultur	135	1
Popmusik	134	1
Pop-Phönix	71	1
Popprinzessin	135	1
Pop-Zäpfchen	135	1
Port	124	1
Poster-Junge	134	1
Power-Handshake	124	1
Powershake-Opfer	124	1
Printabzug	95	1
Print-Dienst	96	1
Privatjet	165	1
Product-Placement	13, 140	2
Product-Placement-Skandal	141	1
PR-Offensive	166	1
Profi	76	1
Profifußball	126	1
Profikarriere	126	1
Profi-Lektüre	128	1
Pulli	80	1
Quasi-Monopol	25	1
Radio-Interview	142	1
Rap	76	1
Rapper	71, 134	3
Reporter	86	1
Retailer	136	1
Rewe-Boss	154	1
Rhythm-'n'-Blues-Gegengewicht	135	1
Rockband	76	1
Rundmail	120	1
Rundum-Shopping	146	1
Schlafzimmer-Party	102	1
Schuhputzservice	148	1
Seitensprung-Baby	53	1
Service	95, 96, 146	5
Session	74	1
Sex	118	1
Sexparty	52	1
Shaker	124	1

Anglizismus	Seitenzahl(en)	Frequenz insgesamt
Shocking	124	1
Shop	146, 147	2
shoppen	138	1
Shopping	149	1
Shopping-Adresse	147	1
Shopping-Charme	102	1
Shopping-Fläche	149	1
Shopping-Mall	102	1
Shorts	120	1
Show-Car	84	1
Show-Einlage	147	1
Sicherheits-Patch	16	1
Sicherheitsprogramm	16	1
Single	135	1
Single-Charts	130	1
Skateboard-Team	135	1
Slam	76	1
Slum	70, 102	2
Small-is-big-Trend	85	1
Small Talk	114	2
Small-Talk	112	1
Smiley	120	1
Smog	100	1
SMS	120, 124	6
Sneaker	135	1
Snowboard	148	1
Society-Pflichsportart	124	1
Softdrink	114	1
Soft-Geländewagen	85	1
Software-Konzern	97	1
Soft Skills	112	1
Spaßpark	149	1
Speed	99	1
Spitzen-Crew	170	1
sponsern	88	1
Sponsoreneinnahme	140	1
Sponsoring-Einnahme	140	1
Sportmanager	15	1
Sport-Show	141	1
Sport Utility Vehicle	84	1
Sportwettkanal	15	1
Stammdaten	156	1

Anglizismus	Seitenzahl(en)	Frequenz insgesamt
Star	94, 126, 134, 135, 141, 142	6
Stargeiger	87	1
Star-Regisseur	13	1
Start	16, 114	2
Startbahn	146	1
Startgebühr	147	1
Stiltrainer	112	1
Story	13, 60	2
stoppen	25	1
Strafraumszene	94	1
Street-Credibility	134	1
Stress	160	1
Stressfaktor	160	1
Stuttgart-T-Shirt	148	1
Style-Consultancy	124	1
stylen	85	1
super	60	1
Super-Kombination	76	1
Supermarkt	96, 102, 114	3
Superstar	135	2
Supervirus	52	1
Superwirtschaftsjahr	136	1
surfen	86	1
Surfer	16	1
Szenario	52, 159	2
Szene	142	1
Talk-Show	176	1
Tea	124	1
Team	13, 95, 100, 126, 128, 166	6
Teamfähigkeit	112	1
Teamgeist	126	1
Teamkollege	126	1
Teenager	112	1
Teenie	118	1
Tee-off	124	1
Terminal	28, 147	2
Test-Debatte	18	1
testen	18	1
Ticket	46	1
Ticket-Preis	138	1
Tipp	112, 114, 158	4
Titelstory	87	1

Anglizismus	**Seitenzahl(en)**	**Frequenz insgesamt**
[…] to go	83	1
Top	111, 130	2
Top-Manager	52	2
Top-Meldung	26	1
topmodern	32	1
Top-Nummer	60	1
Top Ten	130	1
Top-Ten-Platzierung	135	1
Top-Ten-Singles	134	1
Tour	5	1
touren	76	1
Tourstart	76	1
Trailer	71	1
Trainer	97	1
trainieren	112	1
Training	32	1
Trainingsschritt	97	1
Trend	94	1
trendbewusst	138	1
trendgetrieben	135	1
trendig	138	1
Trendwende	40, 43	2
Trick	158	1
Trickfilm	102	1
TV	97	1
TV-Bildschirm	168	1
TV-Fußball	143	1
TV-Kamera	112	1
TV-Kanal	24, 99	2
TV-Moderatorin	124, 143	2
TV-Original	13	1
TV-Partner	143	1
TV-Richter	130	1
TV-Sender	142, 143	2
TV-Tochter	143	1
TV-Trailer	87	1
TV-Übertragung	126	1
TV-Werbung	87	1
TV-Zuschauer	47	1
Understatement	70, 114	2
Upload	96	1
US-Airline	159	2

Anglizismus	Seitenzahl(en)	Frequenz insgesamt
US-Fan	138	1
US-Foto-Blogging-Service	96	1
US-HitHop	134	1
Verhandlungspartner	150	1
Video	16, 135	2
Videosession	53	1
Videothek	16	1
VW-Boss	52	1
WDR-Polit-Talk-Show	141	1
Web	16, 94, 95	3
Web-Adresse	95	1
Web-Dienstleister	94	1
Web-Service	94, 96	2
Web-Telefonie	96	1
Web-Welt	95	1
Wedel-TV	13	1
Weekend-Einladung	124	1
Welcome-Information-Desk	148	1
Wellness-Salon	148	1
Weltcup	76	1
Werbebanner	16	1
Werber-Look	114	1
Werbespot	13, 87	2
Whisky	114	1
WM-Party-Gastgeber	128	1
WM-Testturnier	126	1
Wolkenkratzer	100	1
Wolkenkratzer-Wohnung	103	1
Worldcup-Wettbewerb	141	1
zappen	176	2
ZDF-Quotenhit	13	1
Zusatzjob	36	1

Anglizismus	Seitenzahl(en)	Frequenz insgesamt
8-Mega-Pixel-Handy	105	1
24-Stunden-Cafébar	162	1
50-Cent-Videospiel	56	1
70er-Jahre-Design	160	1
Afrika-Print	23	1
Allrounder	12	1
Allround-Genie	56	1
Allround-Produkt	72	1
Alpinfan	167	1
Analsex	90	7
Antistressor	76	1
Augen-Make-up-Entferner	72	1
auspowern	137, 139	2
Auto-Special	108	2
Baby	54, 183	2
Babybauch	90	1
Babysöckchen	62	1
Bar	183	1
Barock-Look	66	3
Basic	41	1
Basilikum-Kefir-Shake	150	1
Baumwollshirt	24	1
Beauty	60, 66	2
Beauty-Basic	76	1
Beauty-Liebling	68	1
Beauty-Produkt	71	1
Beauty-Produzentin	69, 72	2
Beauty-Ressort	68	1
Beauty-Schule	142	1
Beefsteak-Hack	152	1
Bermuda	31	1
Bestseller	53	1
Bestseller-Autor	189	1
Bestseller-Autorin	54	1
„Biosenses“-Körperpeeling	71	1
Blazer	20, 44	2
Blog	108	1
Blogger	108	1
Blogger-Familie	108	1

Anglizismus	Seitenzahl(en)	Frequenz insgesamt
Boarder	167	1
Boarder-Szene	165	1
Bodycreme	70	2
Bodylotion	71	1
Body-Mass-Index (BMI)	136	1
Body-Workout	125	1
boomen	108	1
Boomstadt	124	1
Bootcut-Jeans	11	1
Boxerstiefel	36	1
BRIGITTE-Diät-Coach	142	1
BRIGITTE-Foodcoach	137	1
BRIGITTE-Team	124	1
BRIGITTE-Modeteam	3	1
Buch-Tipp	55	1
Cafébar	162	1
Call-by-call-Anbieter	157	1
Cardigan	23, 24, 42, 44	4
CD	57, 93, 142, 183	4
checken	137, 156, 184	4
"Chicago"-Kassette	88	1
China-Profi	124	1
Chips	139	2
City-Bermuda	31	1
Club	162	2
coachen	114, 136	2
Cockpit	156	1
Cocktail-Tomate	148	1
Cocktailtomate	148, 152, 154	4
Coffeeshop	133	1
College-Stil	28	1
Coming-out	92	1
Computer	137, 185	2
Concealer	71	2
cool	14, 122, 164, 165	4
Corned Beef	148	1
Corned-Beef-Würfel	148	1
Cornflakes	154	3
Couch	84, 133	2
Couchtisch	118, 123	2
Country	56	1
Country-Göttin	56	1

Anglizismus	Seitenzahl(en)	Frequenz insgesamt
Country-Ikone	56	1
Country-Juwel	56	1
cruisen	165	1
Date	88	1
Datenbank	108	1
Dealer	56	1
Deodorant	69, 74	3
„Deopil"-Deodorant	69	1
Design	156	1
Designer	26, 55	4
Desgin-Geschichte	55	1
Designladen	114	1
Design-Zeitschrift	106	1
Diensthandy	114	1
digital	185	3
Digitaldisplay	156	1
Dildo-Shop	83	1
Dinner	134, 137	2
Dirty Talk	86	1
Dirty Talking	86	1
Dopingmittel	34	1
Doppel-CD	57	1
Dream-Team	170	1
Dressing	146	1
Drogendealerin	56	1
Duschlotion	73	1
Dusch-Shampoo	72	1
easy	139	1
Einkaufstour	156	1
Ei-Zucchini-Mix	154	1
Elektro-Beat	57	1
E-Mail	142, 174	3
Emerging Market	157	1
Ernährungstipp	141	1
Erotik-Chat	83	1
"Every-Day"-Shampoo	73	1
Experten-Interview	76	1
Extra-News	78	1
Extra-Tipp	69, 70, 71, 72, 73, 74	6
Fairplay	105	1
Fan	57, 167	2
Fanfahne	116	2

Anglizismus	Seitenzahl(en)	Frequenz insgesamt
Farmersalat	143, 144	3
Fashion-Victim	106	1
Fastfood-Kette	137	1
Fatburner-Programm	188	1
Fatburner-Training	142	1
Fernsehfilm	50	1
Film	53, 56, 83, 87, 133, 183	11
Filmleute	165	1
Filmszene	86	1
fit	54, 125	2
Fitness	35, 136	2
Fitness-Studio	3, 137, 140	3
Flakes	143, 144	3
Fleece-Jacke	3	1
Fleecejacke	35, 36	2
Flirt	133	1
flirten	66, 108	2
Föhnlotion	63	2
Follow me!	41	1
Foodfinder	141	1
Football-Spiel	190	1
Forscherteam	134	1
Fotohandy	105, 106	9
Freeride-Abfahrt	168	1
Freerider	164, 165	4
Freeride-Szene	164	1
Free-Skier	164	1
Freak	52	1
Früchte-Bowl	143, 144	2
Frühlings-Look	66	2
"Full on Conditioner"-Leave-in-Spray	70	1
Fundraiserin	89	1
funky	57	1
Funpark	165, 167	3
Gangsta-Rapper	56	1
Geheimtipp	74, 164	2
Girlie-Look	30	1
Glamour-Erbe	26	1
Glamour-Make-up	66	1
Gleitgel	90	2
Graffiti	57	1
Grapefruitsaft	144	1

Anglizismus	Seitenzahl(en)	Frequenz insgesamt
Grill	152	1
grooven	57	1
Haarspray	63, 66	4
Haarstyler	62	1
Handy	105, 106	14
Handy-Fotografie	105	1
Handy-Mitteilung	106	1
Handy-Nutzer	106	1
helper`s high	140	1
Hideaway	164	1
Highheels	11	1
Highlight	186	1
HipHop-Beat	57	1
HipHop-Gott	56	1
HipHop-Künstler	56	1
Hippie-Look	64	1
hippiemäßig	26	1
Hit	160	1
Hotline	136	1
Hype	56	2
hypermodern	124	1
Insider	165	1
Insider-Tipp	189	1
Internet	83, 105, 106, 108, 137, 169, 189	8
Internet-Adresse	184	1
Internet-Anschluß	162	1
Internet-Revolution	105	1
Jackett	30	1
Jazz	57	1
Jazzpants	38	1
Jeans	9, 12, 45, 46, 48	7
Jeans-Bermuda	31	1
Job	9, 92, 136, 138, 139, 140, 142, 157	8
joggen	133, 139, 140	3
Jogging	142	1
Jogginganzug	161	1
Joggingpants	35	1
Joggingrunde	3	1
Joggingrunde	35, 38	2
Käsemesser-Set	180	1
Käsewürfel-Snack	149, 150	2

Anglizismus	Seitenzahl(en)	Frequenz insgesamt
Ketchup	144, 148, 150	3
KiBa-Crumble	153, 154	2
Körperpeeling	71, 74	3
Kreditkarte	142	1
Kunden-Hotline	185	1
Kurz-Trench	12	1
Lady-Trench	16	1
"Lait Corporel"-Bodylotion	71	1
Landschaftsprint	23	1
Langarmshirt	46	1
Langlauftipp	168	1
Leave-in-Spray	70	1
Leggings	35, 36	2
Lieblingsjeans	11	1
Lifestyle	52	1
Light-Version	66	1
Lip Balm	71	2
Lipgloss	66	1
Liptint	69	2
Living	118	1
Location	165	1
Lockenstyling	61	1
Look	11, 26, 66	3
Lotion	70, 78	2
Mail	140	1
Make-up	24, 38, 48, 106, 142	5
Make-up-Farbe	68	1
Manager	114	1
Marine-Look	28	1
Marinelook	48	1
Marketing	184	1
Marketing-Objekt	123	1
Me myself and I	182	1
Megaportion	139	1
megasuperkitschig	160	1
Mini-Kartoffelkloß	154	1
Mini-Kloß	149, 150, 153, 154	6
Minirock	28	1
Mini-Skigebiet	169	1
Ministück	140	1
Mix	118, 123	2
Mixed Pickles	137	1

Anglizismus	Seitenzahl(en)	Frequenz insgesamt
mixen	19	1
Modell	89	1
Mode-Special	32, 188	2
Möbeldesign	55	1
MP3-Player	183	1
Muffin	114, 133	3
Musikfestival	121, 123	2
Muskelaufbau-Training	142	1
Mustermix	18, 29	2
"Neutral"-Dusch-Shampoo	72	1
News	180	1
Nordic Walking	125	1
Office	122	1
offline	183	1
Off-Pisten-Gebiet	165	1
okay	133	1
online	142	1
Online-Shop	108	1
Online-Skiatlas	169	1
Online-Trainer	142	1
out	64	1
Outdoor-Fan	167	1
Outdoor-Spielplatz	161	1
Outfit	11, 14, 28, 106	4
Painting-Muster	29	2
Paraglider	167	1
Park	35	1
Partner	89, 90, 134, 135, 136, 137, 140, 157, 183, 186, 190	22
Party	9, 106, 136, 137	4
Party-Abend	105	1
Peeling	69, 78	2
Peel-off-Maske	78	1
Pencilskirt	31	1
Permanent-Styling	64	1
"Physio 5.5"-Duschlotion	73	1
"Phytonectar"-Shampoo	74	1
Picknick	125	1
piercen	86	1
Piercing	86	3
Polo-Shirt	36	1
Poloshirt	45	1

Anglizismus	Seitenzahl(en)	Frequenz insgesamt
Popmusik	56	1
Pop-Sopranistin	106	1
Popstar	56	1
Porno-Site	83	1
Powder	164	1
powered by	124	1
Power-Volumen	70	1
Profi-Tipp	108	1
Profiwickler	62	1
Pub	106	1
Pullover	28, 126, 183	3
Pumps	14	2
Rapper	56	3
Red-Curry-Kokos	145, 146	2
Reggae-Großmeister	57	1
Reiscracker	152	2
Reise-Special	159	1
Reisetipp	169	1
relaxen	76, 137	2
Ringelshirt	9	2
Ringeltop	23	1
Roastbeef	134, 153, 154	4
Roastbeef-Aufschnitt	154	1
Rockstar	190	1
Royals	166	1
Safari	28	1
Safaristil	28	1
Saison-Highlight	11	1
Salami-Sandwich	143, 144	3
Salatmix	137	1
Schlapper-T-Shirt	89	1
Schnittlauchdressing	146	1
Schoko-Reiscracker	135	1
Scotch	183	1
Senf-Ei-Zucchini-Mix	153, 154	2
Set	180	1
Sex	3, 82, 83, 84, 85, 86, 87, 88, 89, 90 91, 92, 93	50
Sex-Appeal	66	1
Sexartikel	83	1
Sexerfahrung	86	1
Sex-Erlebnis	3	1

Anglizismus	Seitenzahl(en)	Frequenz insgesamt
Sex-Erotik	88	1
Sexleben	89	1
sexuell	84	1
Sex-Vorliebe	3	1
sexy	28, 36	2
Shake	150	1
Shampoo	73, 74, 78	3
Shirt	44	1
Shorts	12, 18, 24, 44	5
Sightseeing	167	1
Single	108, 186	2
Single-Freundin	52	1
Single-Party	108	1
Sixties-Stil	14	1
Skifreaks	167	1
Skitour	160	1
Slingpumps	12	1
SMS-Kennziffer	178	4
SMS-Service	180	1
Snack	135, 136, 137, 142	7
Snowboard	169	1
Snowboarden	165, 167	2
Snowboard-Freaks	166	1
Snowboarder	164, 165, 166, 167	5
Snow-Society	165	1
Snowtubing	168	1
Snowtubing-Abfahrt	167	1
Society-Lady	58	1
Softdrink	166	1
Softwarepaket	184	1
Software-Programm	137	1
Sommertrend	32	1
Sommertweed	23	1
Song	56, 57	2
Spoiler	156	1
Sport-Allrounder	3	1
Sport-Basic	34, 36, 38	3
Sport-Outfit	35	1
Stadtrallye	125	1
Star-Ensemble	52	1
Start	185	1
starten	142	1

Anglizismus	Seitenzahl(en)	Frequenz insgesamt
Star-Visagist	66	1
Stewardess-Halstuch	88	1
Story	58	1
Stress	132, 133, 137, 138, 139, 141	21
Stressalarm	139	1
Stressquelle	139	1
Strip	84	1
stylen	63, 64, 156	4
Styling	9	1
Styling-Hilfe	63	1
Styling-Schaum	63	1
super	34, 141	2
superelegant	31	1
supererfolgreich	142	1
superlocker	161	1
Supermarkt	115, 135, 137, 180	6
Sweatshirtstoff	35	1
Szene	106, 165	2
Szeneparty	84	1
Tanktop	43	1
Team	44	1
Teamsitzung	133	1
Teenie	9	1
Telemarker	165	1
Test	132	1
Testfrage	135, 136, 138, 140	4
Ticket	157	1
Tiefschneefan	164	2
Tipp	78, 141, 157, 158, 165, 180	6
T-Shirt	11	2
Toast	144	3
toasten	154	1
Toaster	184	1
To-do-Liste	142	1
To-do-Programm	141	1
"Toleriane"-Augen-Make-up-Entferner	72	1
Tomatenketchup	144, 148, 150	3
Top	12, 14, 18, 20, 23, 44, 48	8
top-aktuell	48	1
Top-Skigebiet	168	1
Top-Ten	76	1
Top-Wellness-Adresse	165	1

Anglizismus	Seitenzahl(en)	Frequenz insgesamt
too much	14	1
Tour	190	2
Tourenfahrer	164	1
Tourengeher	165, 169	2
Trail	166	1
Training	139	1
Trenchcoat	9, 11, 12, 16	7
Trench-Jacke	12	1
Trend	32, 61, 78, 106, 123, 180	7
Trend-Frisur	64	1
Trick	125, 183	2
Truckerfahrer	53	1
TV-Sendung	135	1
Tweed-Mantel	14	1
Tweed-Stoff	14	1
ultrafein	63	1
ultramodern	162	1
Upskirting	105	1
User	157	1
Userin	142	1
US-Filmkomiker	157	1
US-Kriegsfilm	53	1
very british	14	1
Video-Beamer	162	1
Videonachricht	106	1
VIP	160	1
Volleyballfeld	125	1
Vollkorntoast	144	2
Volumenlotion	62	1
Walking	142	1
Wäschespray	76	1
Waschgel	78	1
Weblog	108	1
Weblogs-Tagebuch	108	1
Website	106	1
Wellness	125	1
Wellness-Abteilung	161	1
Wellness-Angebot	160	1
Wellness-Bereich	162	1
Wellnessbereich	161	1
Wellness-Oase	161	1
Wellness-Ressort	125	1

Anglizismus	Seitenzahl(en)	Frequenz insgesamt
Wellness-Zone	162	1
Weltcup-Hang	160	1
Weltcup-Ort	165	1
Whirlpool	160	1
Winter-Campingplatz	164	1
Winter-Special	3	1
Winter-Tipp	158	1
Wintersportfan	168	1
Zungenpiercing	86	1
Zwiebel-Kapern-Mix	148	1

Anglizismus	Seitenzahl(en)	Frequenz insgesamt
1,3-Megapixel-Sensor	86	1
2,8-Zoll-LCD-Bildschirm	70	1
24-Stunden-Butlerservice	142	1
30-Gigabyte-Gerät	82	1
60-Gigabyte-Festplatte	82	1
60ies-Soul-Combo	174	1
99-Cent-Shop	109	1
512-Megabyte-Speicher	82	1
A Man`s World	36	1
Actionfilm	30	1
Adidas-Chefdesigner	194	1
Adviver	104	6
Adviver-Technik	104	1
Alpin-Look	52	1
American Way of Life	27	1
Anarchoclown	109	1
Anchorman	97	1
Anti-Aging-Peeling-Pflege	158	1
Apartment	105, 116	2
Apartmentanlage	116	1
Ardbeg-Whisky	62	1
Armaturenlook	64	1
Art-Department	50	1
Ausdauertraining	141, 150, 151	3
Automobil-Design	92	1
Baby	58	1
Babyboomer-Seminar	38	1
Babycord	136, 137	5
Babypopo	158	1
Bad Hair Day	156	1
Band	58	1
Bar	60, 92, 99, 105,194	9
Barmann	62	1
Besetzungscouch	46	1
Beauty	48	1
Beautygeheimnis	48, 50	2
Beautyindustrie	47	1
Beautymarke	48	1
Beautyprodukt	48, 50	2

Anglizismus	Seitenzahl(en)	Frequenz insgesamt
Bermuda	134, 136	2
Biathlon-Weltcup	20	1
Bikerjacke	129	1
Biker-Lederjacke	43	1
Biopeeling	158	2
Blazer	48	1
Blockbusterkino	40	1
Blowjob	170	1
Bluetooth	86	1
Bluetooth-Headset	80, 86	2
Bluetooth-Zelle	70	1
Bobos (Bohemian Bourgeois)	40	1
Bond-Film	103	1
Boss	99	1
Bowling	36	2
Boxergesicht	170	1
Boygroup	34	1
Boy Toy	69, 80	3
Brainstorming	74	1
Bukowski-Verfilmung	36	1
Bullshit	30	1
Businessluncher	100	1
Button-Down-Hemd	131, 136, 137	4
Cadillac-Shuttle	182	1
Cadillac-VIP-Shuttle	184	1
Cage-Diving	166	1
Camcorder	84	2
Camp	168	1
Camping	142	1
Car Coat	12	1
Casting-Termin	110	1
Casual Diner	138	1
Catwalk	20, 52	2
CD	24, 34, 92	6
CD-Laden	34	1
CD-Sammlung	70	1
celebritize	34	3
Charity	44, 183	2
Charitygeschenk	44	1
Chinopants	133	1
Chip	88, 90, 152	5
Clown	56, 132, 170, 172, 194	7

Anglizismus	Seitenzahl(en)	Frequenz insgesamt
Club	4, 38, 92	3
Coach	151, 152	2
Cockpit	115	5
Cockpitabdeckung	76	1
Comedy	108, 109	2
Comic-Held	165	1
Comicverfilmung	28	1
Computer	88, 90, 92, 104, 105, 150	10
Computerauswertung	151	1
computergeneriert	90	1
Computerspiel	70	1
Computerspielfan	84	1
Computertüftler	4	1
Conceptcar	74	1
Controller	74	1
cool	34, 103, 116	4
Cool Hollywood	56	1
Couch	110	1
Cowboy	110	2
Crashdiät	142	1
Crashnorm	78	1
Creative Director	48	1
Crime	32	1
cunt	30	1
Cure-Fan	12	1
Curryketchup	100	1
Cyborg	80	1
Dandy	40, 168	2
Daten	76, 81, 86, 88, 107, 150, 151	13
Datenanalyse	150	1
Datenmenge	151	1
DBV-H	70	1
Deal	104	1
dealen	50	1
Design	43, 44, 48, 78, 105, 189	7
designen	52, 92	2
Designer	50, 74, 92, 105	5
Designbüro	50	1
Designpreis	105	1
Dinner	44	1
Display	69, 88	6
Dive	166	1

Anglizismus	Seitenzahl(en)	Frequenz insgesamt
DJ	43	2
Dokumentarfilm-Attitüde	32	1
dopen	62	1
Dopingprobe	146	1
Download	90	2
Drei-D-Monitoring	151	1
Dresscode	170	1
Drip-Painting	50	1
Drive	20	1
Drogendealer	168	1
Drogen-Sex-Szene	30	1
DSL	104	1
DVD	32, 43, 88	7
DVD-Player	104	1
E-Card	92	1
E-Ink	69	1
Einmal-DVD	88	1
Ein-Mann-Show	113	1
EKG-Shirt	150	1
E-Mail	12, 88	3
Entertainer	109	1
Entertainment-Nachrichten	92	1
E-Paper-Reader	69	2
Episodenfilm	28	1
EPS	74	1
Erotikshop	109	1
Essay	38, 92	2
Essay-Wettbewerb	92	1
Establishment	40	1
Evening-Outfit	138	1
Event	107, 189	2
Eventmanager	107	1
Extras	32	1
Extrem-Winteroutfit	52	1
Eye-Tracker	151	3
F1-Quiz	92	2
Fan	20, 114	2
Fashion-Shop	188	1
Fashion-Show	92	1
Fashion Week	103	1
Fastfood	142	1
Feature	46	1

Anglizismus	Seitenzahl(en)	Frequenz insgesamt
Feeling	188	1
Feldhockey-Nationalcoach	151	1
Film	23, 24, 27, 28, 30, 36, 40, 43, 48, 50, 70, 82, 86, 92, 99, 100, 104, 110	24
Film-DVD	88	1
Filmgeschäft	56	1
Filmindustrie	47	1
Filmemacher	32	1
filmen	30, 136	2
Filmkunst	142	1
Filmmogul	50	1
Filmpreis	20	1
Filmproduktion	26	1
Filmproduktionsfirma	48	1
Filmprojekt	48, 50	2
Filmschaffender	27	1
Filmstudio	27	1
Fish and Chips	44	1
fit	142	1
Fit for Fun	20	1
Fitness	141, 142, 150	3
Fitnessexperte	150	1
Fitness-Guru	151	1
Fitnessprofi	152	1
Fitnessstudio	150	1
Fitness-Weltmeister	142	1
Five-Pocket-Jeans	131	2
Flagshipstore	34	1
Flugticket	64	1
Flying Wings	88	3
Foodexpertin	4	1
Formel-1-Fan	4, 116	2
Formel-1-Testwagenfahrer	115	1
Forum-Login	92	1
Fotoshoot	115	2
Friedhofstour	12	1
fuck	30	1
Fuck you	30	1
Funkchip	152	1
Fußball-Starkommentator	194	1
Gag	32, 69	2

Anglizismus	Seitenzahl(en)	Frequenz insgesamt
Gangsterboy	168	1
Gangsterfilm	24	1
Gangstergang	32	1
Gaststar	32	2
Geburtstagsparty	168	1
Gegentrend	40	1
Geheimtipp	62, 166	2
Gehirn-Download	88	1
Gel	158	1
Gentleman	38, 92, 146, 174, 194	8
Gentlemen`s Forum	92	1
Gentlemen`s Guide	92	3
Gentlemen`s question	12	1
Ghostwriter	24	1
Gigabyte	84, 86, 104	4
Gin-Tonic-Limonen-Wölkchen	100	1
Girl	44	1
Girls Voting	92	1
Girl Gallery	92	1
Glamour-Chic	44	1
Glascontainer	170	1
Go!	92	2
Goatie	12	1
Gocart	74, 115	3
God Bless America	97	1
Go-go-Tänzerin	30	1
Goodwill	44	1
Gothiczeiten	12	1
Gourmetdinner	142	1
GPRS	69, 70	2
GPS	151	1
GQ-Publisher	174	1
GQ-Sex-Expertin	60	1
GQ-Showgirl	182	1
Grafikdesign-Schule	4	1
Grand-Slam-Titel	20	1
Green	12	1
Greenfee	142	1
Groove	174	1
Großhappening	107	1
GSM	70	1
GSM-Netz	70	1

Anglizismus	Seitenzahl(en)	Frequenz insgesamt
Gucci-Store	44	1
Hai-Society	162	1
Handicap	12	1
Handy	70, 86, 92, 104, 146, 151, 152	16
Handyhersteller	70	1
Handynetz	70	1
Handyversion	107	1
Happy New Year	142	1
Hardcore	92	1
Hardcore-Musikfan	34	1
HDTV	104	1
HDTV-Empfänger	104	1
Headhunter	107	1
Herbst-Winter-Fashion	20	1
hey	30, 170	2
Highend-Fitnessgerät	150	1
Highend-Linie	52	1
Highendprodukt	104	1
Highlight	34	1
Hightech-Computeranalyse	12	1
HipHop-Gemeinde	54	1
HipHop-Größe	34	1
HipHop-Stück	34	1
Hipness	34	2
Hitserie	28	1
Hobbymatrose	12	1
Hobbysportler	150	1
hochzoomen	84	1
Hollywood	110	2
Hollywood-Eleganz	44	1
Hollywoodfilm	34	1
Hooligan	146	2
Hotellobby	115	1
Hype	38	1
hypeweise	24	1
Ideal House	105	1
iDrive	76	1
Indieband	103	1
Industriedesigner	44, 105	3
Internet	38, 70, 92, 106, 107, 113, 170, 172	12
Internetcafé	170	1

Anglizismus	Seitenzahl(en)	Frequenz insgesamt
Internetplattform	107	1
Internetstandard	70	1
Interview	4, 58, 88, 97, 99, 110, 168	8
Interviewsammlung	58	1
Jackett	134	1
Jeans	48, 58, 103, 129, 138	9
Jeanshose	58	1
Jeanskleid	176	1
JFK-Style	103	1
Job	58, 90, 99, 109, 116	6
Jobangebot	58	1
jobben	30	1
Jobsuchender	107	1
joggen	141, 150	2
Jogger	141, 152	2
Joint	34	1
Jointventure	48	1
Jungstar	105	1
Kamerateam	99, 194	2
Keeper	151	1
Ketchup	170	1
Ketchupfinger	170	1
Kick	168	1
kickboxen	24	1
kicken	142	1
killen	172	1
Königsjob	97	1
Körperlotion	158	1
Konditionstrainer	150	1
Kontrollfreak	50	1
Krafttraining	141	2
Kreditkarte	84, 86	2
Kurztrenchcoat	131	1
Label	12, 48	4
Labortest	152	1
Laser	32	1
Langarm-T-Shirt	131	1
Lapdance	30	1
Lapdance-Training	30	1
Laptop	84	1
Laser	90	1
Laserbestrahlung	90	1

Anglizismus	Seitenzahl(en)	Frequenz insgesamt
Late Brunch	43	1
Lauftraining	92	1
Layout	4, 50	3
LCD-Display	90	1
LED-Lampe	76	1
Let`s get the Party started.	194	1
Lieblingsdrink	36	1
Lieblingsfilm	70	1
Lieblingslook	92	1
Limited Edition	48	1
Liquid Paint	74	1
live	104, 174	2
Live-Mitschnitt	194	1
Livemitschnitt	24	1
Logbuch	164	1
Look	92, 103	2
Lounge	194	1
Luxus-Trash	44	1
made in	76	1
Make-up	44, 48, 50, 116, 139	6
Make-up-Koffer	124	1
Malt	62	1
Malt-Whisky-Trinker	62	1
managen	115	1
Manager	90	2
Managertyp	194	3
Mancipation	4, 40, 194	3
Marketing	113	1
Marketingexpertin	40	1
Marketingstratege	40	1
Mr Sandman	126	1
Marshmallow	62	1
Match	141	2
Materialmix	76	1
Media-Player	82	1
Meeting	30, 48	2
Megabit	84	1
Mega-Mähne	156	1
Mega-Flagship-Store	188	1
Megapixel	84	1
Metafilmtrick	32	1
Metalliclackierung	74	1

Anglizismus	Seitenzahl(en)	Frequenz insgesamt
Mickymaus-Shirt	164	1
Milchschnitten-Punk	92	1
mild	156	1
Mini-Auspuff	70	1
Mini-Brennstoffzelle	70	2
Minihandy	86	1
Mini-Radio	82	1
Mister Everyman	115, 116	3
MMI-System (Multi Media Interface)	76	1
Modedesigner	92, 174	2
Model	92, 103	3
Model of the Year	92	1
Mountainbike	151	1
MP3	80	1
MP3-Player	70, 80, 82, 90, 92	5
MP4-Format	82	1
MPEG	104	2
MPEG4-Format	82	1
MPEG-Konsortium	104	1
Mr. Gucci	46	1
Moonboot	52	1
MTV-Stuntman	56	1
Multimedia-Computer	86	1
Multimediabox	104	2
Multimedia-Player	82	1
Multipocket	129	1
Nationaltrainer	146, 152	3
Navyblazer	12	1
Networking	106, 107	2
Networking-Plattform	107	1
Netzwerk-Plattform	107	1
Netztanktop	138	1
Newcomer	109, 176	2
Newsletter	92	1
nice	136	1
niedertalken	194	1
Norwegerpulli	52	1
Notebook	70	1
Notebookkamera	86	1
Nylon	52	2
Oben-ohne-Szene	30	1
Oberflächenfinish	74	1

Anglizismus	**Seitenzahl(en)**	**Frequenz insgesamt**
Ochsentour	99	1
offline	107	1
okay	12, 172	3
old-fashioned	12	1
online	12	1
Onlineportal	92	1
Open-Water-Schein	166	1
Outfit	12, 103, 132	3
Outletstore	40	1
Overkill	26	1
Paisley	132	1
Paisleymuster	56	1
Partner	34	1
Party	58	1
Partyclown	109	1
Partystimmung	188	1
PC	151	1
Performance	30	1
Pflegetipp	92, 158	2
Pilsner-Urquell-Lounge	181	1
pinnen	69	1
Pixelblock	104	1
Plattform	106, 107	2
Player	50	1
Pocket-Nasenhaarschneider	58	1
Poloshirt	133	1
Pop-Art-Süchtiger	74	1
Popkultur	80	1
Popper	40, 58	2
poppig	103	1
Popstar	34, 116	3
Power-Stretching	141	1
Premier-League-Match	146	1
Preppy-Look	134	1
Produktdesign	142	1
Profi	30, 97	2
Profivertrag	146	1
Pullover	52	1
Punk	56	1
Punk-Ikone	92	1
Quasimonopol	104	1
Race-Modus	76	1

Anglizismus	Seitenzahl(en)	Frequenz insgesamt
Racing-Game	92	1
Ranch	48	1
Rapper	176	1
Rasseroadster	76	1
Raw Denim	138	1
Raw Denim Jeans	138	4
Reisescanner	86	1
Remake	20	1
Reporter	168	1
Revival	34	1
R-'n'-B-Beat	24	1
R-'n'-B-Größe	34	1
R-'n'-B-Stück	34	1
Roadster	74	1
Rockband	103	1
Role-Model	38	1
Rundhalspullover	137	2
Rundhalsshirt	137	1
sampeln	105	1
Sandalen-Superheld	40	1
Sciencefiction	90	1
SD-Karte	84	1
Server	151	1
Set	30, 70, 105	3
Sex	24, 30, 32, 34	7
Sexappeal	47	1
Sex-Kolumne	92	1
Sexkolumne	92	1
sexy	24, 92	2
Sex-Szenario	30	1
Sexualpartner	38	1
Shampoo	156, 157, 158	5
shark feeder	162	1
shark wrangler	164	1
Shoetime	44	1
Shoot	24, 116	2
Shop	188	1
Shop&More	92	2
Shoppingtour	38, 146	2
Shorts	103, 129, 134, 137	4
Show	52, 103, 194	4
Showbiz	32	1

Anglizismus	Seitenzahl(en)	Frequenz insgesamt
Shrink to fit	135	1
Shrink-to-fit-Outfit	103	1
Single	24, 34, 116	3
Singlemarkt	60	1
Single-Malt	62	1
Sitcom	27	1
Sketchserie	32	1
Skipper	166	1
Skycar	92	1
Slim-Look	128	1
smart	30, 34, 95	3
Smart Shirt	152	2
Smart-Shirt-Forschung	152	1
Smoking	92	1
Smokinghemd	136, 138	2
Smokinghose	129	1
Smokingsakko	138	3
Smokingschuhe	138	2
SMS	90, 194	2
Snowboard-Outfit	52	1
Snowpass-Funktion	52	1
Socklets	134	1
soft	156	1
Software	86, 152	2
Softwaremilliardär	113	1
Song	24, 34	2
Sony-Ericsson-Lady	184	1
sorry	170	1
Sorry, Mister President	96, 99	2
Sound	34	1
Sounddesign	34	1
Soundkniff	34	1
Soundwall	24	1
Spa	38	1
Special	163	1
Special Effect	101	1
Speedster	76, 78	2
Spielszene	142	1
Spitzenlabel	34	1
Sponsor	116	1
Sportswear-Label	188	1
Sportswearlinie	34	1

Anglizismus	**Seitenzahl(en)**	**Frequenz insgesamt**
Standing ovations	194	1
Star	34, 110, 142, 189	4
Stardesigner	154	1
Star Style	92	1
Start	28, 70	2
starten	76	1
Start it up	92	1
Startpunkt	142	1
Statement	103	1
stehende Ovationen	185	1
Stepper	141	1
stoppen	64	1
Stopper	64	1
Store	44	1
Story	172	1
Street-Uniform	54	1
Style	92	4
Subnotebook	86	1
Superchef	44	1
Superheld	40	1
Superstar	34, 146	2
Supersparrenn-Dieselmotor	74	1
Supreme	169	1
surfen	70, 110	3
Sweatshirt	103	1
sweeper	146	1
swingen	20	1
Szenario	27	1
Szene	30, 70	2
Talk-Maschine	194	1
Tanktop	40, 128, 131, 138	4
Tapasbar	100	1
Tauchen-Award	166	1
Team	20, 99, 146, 151	6
Teamcheck	146	1
Teamkollege	64	1
Teatime	189	1
Teenager	12, 116	2
Teenie-Idol	36	1
Teeniekomödie	110	1
Terminator	88, 90	2
Test	92, 151	3

Anglizismus	Seitenzahl(en)	Frequenz insgesamt
testen	92	3
Testlauf	97	1
Thrill	163	1
Thriller	23	1
Ticket	20	3
Tipp	164	1
Toast	62	1
Tonic	168	1
Top-Alles	23	1
Top-Aussehen	23	1
Topform	194	1
Top-Karriere	23	1
Top-Leistung	23	1
Topmodel	30, 194	2
Top-Ten	92	1
Touchscreen	86	1
Tour	20, 99, 109, 142	4
Tracking	151	1
trainieren	12, 141, 152, 158	8
Trainer	146, 150, 152	3
Training	141, 150, 151, 158	6
Trainingsanzug	172	1
Trainingsfleiß	142	1
Trainingshose	172	1
Trainingsintensität	150	1
Trainingslabor	150	1
Trainingspensum	141	1
Trainingstermin	142	1
Trash-Held	109	1
Trashqueen	116	1
Trend	4, 27, 40, 54, 69, 75, 81, 88, 90, 92, 96, 101, 102, 104, 105, 106, 108, 110, 112, 114, 116, 118, 126, 127, 150	33
Trendbüro	40	1
Trendforscher	38	1
Trendforscherin	40	1
Trendforschung	40	1
Trend-Mann	4	2
TriBand-Handy	86	1
Trick	104, 156, 158	3
T-Shirt	103, 150	2

Anglizismus	**Seitenzahl(en)**	**Frequenz insgesamt**
TV	70	1
TV-Auftritt	176	1
TV-Kochstar	44	1
TV-Schaffender	27	1
TV-Schirm	27	1
TV-Serie	28	1
TV-Studio	27	1
Typ	60	2
Uhrenguide	92	1
UMA (Unlicensed Mobile Access)	70	1
UMTS	69	1
Understatement	154	1
unfair	110	1
updaten	40	1
Urlaubs-Softporno	146	1
USB	69, 86	2
USB-Anschluß	86	1
USB-Stick	86	1
used	58	1
Van-Dannen-Fan	24	1
Verfilmung	30	1
Video	82, 104	4
Videoabend	82	1
Videoanalyse	12	1
Videobeamer	82	1
Video-„iPod"	82	1
Videokompression	104	1
Videokonferenz	104	1
Video-Spielfelderfassung	152	2
Videotattoo	88	1
Videothek	92	1
Vintage-Jeans	129	1
Vintage-T-Shirt	129, 136	2
VIP-Gast	188	1
Virtual Fitness-Gaming	152	2
V-Neck-Pullover	136, 137	2
VRD (Virtual Retina Display)	90	2
Vorratscontainer	105	1
vote	92	1
VW-Designer	76	1
Warm-up	141	2
Web	92	1

Anglizismus	Seitenzahl(en)	Frequenz insgesamt
wegboxen	165	1
Werner-Panton-Design	74	1
Westernsattel	48	1
Whisky	62	1
Winter-Trend	92	1
WLAN	70, 86	4
Yachting-Design	188	1
Youngtimer	92	1
Yuppie	40	1
Zigarren-Quiz	92	2
zoomen	100	2
Zugangscode	88	1
Zwei-Mann-Show	113	1

ibidem-Verlag

Melchiorstr. 15

D-70439 Stuttgart

info@ibidem-verlag.de

www.ibidem-verlag.de
www.ibidem.eu
www.edition-noema.de
www.autorenbetreuung.de

Zeitfracht Medien GmbH
Ferdinand-Jühlke-Straße 7
99095 Erfurt, Deutschland
produktsicherheit@kolibri360.de